JN033615

ライフステージと社会保障

丸谷浩介

ライフステージと社会保障（'20）

装丁・ブックデザイン：畑中　猛

o-41

まえがき

私たちが普通に暮らしているのは，偶然に過ぎないのかもしれません。健康に恵まれて働くことができて，働くことで生活できるだけの収入を得ることができて，家族や友人に囲まれて幸せに暮らすということは，一見普通の暮らしに思えるかもしれませんが，それはなんと難しいことでしょうか。

社会保障制度は，できるだけ普通の暮らしをするための制度です。普通の暮らしをするために私たちが社会保障に使っている費用は，１年間に１人あたりおよそ100万円にもなります。この100万円は天から降ってくるわけではありませんから，１人が100万円を負担していることにもなります。そして，社会保障制度は「揺りかごから墓場まで」どころではなくて，お腹の中からお墓の中まで関係する制度ですから，私たちの生活に密着した制度だということがわかります。

社会保障はこのように生活に密着した制度ですから，多くの人がこの制度に関心を持っています。ところがマスコミやＳＮＳを見ると，人口減少社会の到来とともに，財源の支え手が減っていくのに，社会保障を受ける人が増えるので，財政が崩壊してしまうといった悲観論が席巻しています。

ところで，社会保障は，学際領域的な研究であるという特徴があります。社会学や社会福祉学，経済学などの多様な学問分野の研究者が，それぞれの領域の研究手法を用いて議論しています。筆者の専攻は法律学ですが，法律学と経済学では異なる結論を出すことがあります。そして，同じ法律学でも異なる結論を出すことがあります。そうすると，一般の人が何を信じてよいのか分からなくなるのは当然のことでしょう。

この講義では，社会保障という，一見取っ付きやすそうですが，実は理解しづらいものを学習します。社会保障に関するテキストには本書以外にもとてもよいものがありますが，この講義とこのテキストは，次のような特徴があります。

1つは，私たちの暮らしのライフステージごとに社会保障制度を考えていることです。これまでのテキストは，年金や医療といった，社会保障の制度ごとに説明することが多かったように思います。しかし，私たちが直面する課題，たとえば病気をしたときに必要なのは治療だけでなく，働けない間のお金も必要になります。このように，ライフステージごとに社会保障制度がどのように成り立っているかで構成されています。

もう1つは,働くことを中心にライフステージを考えていることです。私たちが自己紹介をするときに職業を言うことが多いように，私たちにとって仕事はとても重要な価値を持っています。ところが最近は仕事のあり方が大きく変わっているので，社会保障も変わらざるを得ない運命にあります。本書はこれを軸に据えて考えていきます。

もっとも，ライフステージごとに説明することが難しいことがあります。そしてこのライフステージごとに説明することが成功しているかどうかは読者の皆さんに委ねたいと思います。

貧困を憎み平和を愛する父の背中を見て，私は研究者を志しました。父にこの本を読んでもらい，その感想を聞きながら酒を酌み交わしたいと思っていましたが，本書の校正中にそれが叶わなくなりました。よって本書は父・丸谷捷治と，病に倒れた兄・圭介に捧げたいと思います。

2019 年 10 月

丸谷 浩介

目次

1　私たちの暮らしと社会保障

《目標＆ポイント》 私たちの暮らしはもはや社会保障制度抜きに語ることができない。学習の最初に、私たちのライフステージごとに遭遇する社会保障の制度にはどのようなものがあるのかを理解する。そして社会保障制度を成り立たせている諸条件を学ぶ。
《キーワード》 社会保障，リスク，ニード，社会保険，公的扶助，社会福祉，所得保障，社会保障関係費，社会保障給付費，実質，名目

1．ライフステージと社会保障

（1）社会保障の定義

社会保障制度を何も利用しなかった人はいないだろう。生まれる前から亡くなった後にまで，社会保障制度は私たちの暮らしにいつも関係している。この講義は，社会保障制度をライフステージごとに説明する。

社会保障とは何かということについて，国内的にも国際的にも確たる定義がない。社会保障は日々変化し続ける人々の暮らしに密着したものであるからである。そこでさしあたって本書では，社会保障を次の性格を兼ね備えた制度であるとしておこう。

① 社会保障は，不測の事態によって生じた生活上の困難に対応するための制度・政策である。

② 社会保障は，基本的人権を享有することができるための基盤整備をするための制度・政策である。

③ 社会保障は，公的な責任で行われる制度・政策であって，私的に

行われる扶助とは区別される。

（2）ライフステージにみる社会保障の位置

もっとも，このような定義をしても，何が社会保障に含まれて，何が含まれないのかをきちんと決めることはできない。そもそもそれは決めるべきことなのであろうか？　もちろん学問の世界ではこれをきちんと整理しておくことが重要である。しかしたとえば，病気をして仕事を休んだときに必要なのは医療行為だけでない。仕事を休むことによって生じる使用者との関係，同僚への配慮，取引先への連絡，休んでいる間の賃金，家族の負担，治療への不安，将来の見通し……といったいろいろな「困った」問題が出てくる。その１つ１つに対応する社会的な制度や，適切なアドバイスをしてくれる専門家がいるかもしれない。しかしそれらの「困った」問題は，他の「困った」問題に関係していることが多い。その中の１つ１つが「国家が対応すべき社会保障であるかないか」を決めることは有益でないだろう。そうすると，「困った」出来事が生じたライフステージに対応する制度・政策を見ていくことで，現在の社会保障制度がそれで十分なのか不十分なのか，公的に対応すべきなのか私的に対応すべきなのか，誰がその費用を負担すべきなのか，ということに思いが至る。そこでこの講義では，従来の社会保障論の説明方法を少し離れて，ライフステージごとに社会保障制度を見ていくことにしよう。

（3）ニードと保障方法

しかしそうは言っても，生活上に困ったことが生じたとしても，何が必要なのかというのは難しい。何らかの生活を送る上での危険（リスク）が顕在化し，それによって必要となる財やサービスをニードと呼ぶことにしよう。

ブラッドショウ（Bradshaw, J.）によると，ニードとは①ある個人や集団がその基準から乖離した状態にある場合，②個人が自覚した主観的な必要，③個人が自覚した主観的な必要について，実際にそれを利用したいと申し出たもの，④同じ属性を持つ複数者の間で，一方がサービスを利用しているが，もう一方がそれを利用してないという状態，というように要約することができよう。つまり社会保障が対象とするニードは，主観的に必要だ，と感じるものと，客観的に（あの人には）必要だろう，というものが含まれる。

主観的なニードは，事前にそのリスクに対応することができるかもしれない。たとえば，今は働いているけれども，高齢になったら働くことができないのでお金を今のうちに貯めておかなければ，というような行動である。病気をして働くことができないような場合や，自然災害で生活手段が奪われるような場合でも「そのリスクが現実化するかもしれない」との危機感と財力があれば，それに備えた保険に加入するなどの事前準備をすることもできる。しかしこのような行動を取ることができるかどうかは可能性の問題である。そもそもそのようなリスクを正確に知った上で，それに対応する制度があることをきちんと知っていることが必要である。人間はそんなに賢いのであろうか？

これに対して客観的なニードは，本人が困ったと思っていなかったとしても，他人から見ると何らかの支援が必要だ，ということになる。そうすると，誰かがその人の生活に介入して，他人の基準でその人の生活を決めてしまうことになる。

またこの逆に，ある人が主観的に「私は困っている」と主張しても，世間一般の水準から困っている部類に属していなければ，救済されないかもしれない。これを判断するには一定の基準にあてはめて，テストをする必要がある。もっとも，そのテストに不満を持つこともあろう。主観的に困っていると主張する人にとって，「助けなければならないと世間一般が考えている」基準自体が私にとっては不合理である，私に固有の「困ったこと」を見てくれない，という不満を持ち続け，生きづらさを抱えたまま生きていかなければならない。国がその責任で社会保障を行っていくためには，常にこのような個別の声に耳を傾けなければならないけれども，国は多数の人々が「困った」と考える状態にも配慮しなければならないというジレンマに陥る。そうすると，社会保障の給付は一定程度客観化・標準化されたものになってしまう。

そこで必要になるのが，その人の人格や生活を全面的に見て支援し続けるという視点である。この視点はライフステージごとに設けられ，社会保障制度を含めた社会制度・私的関係のすべてが含まれる。

2．社会保障制度の見方

(1) 社会保障の制度

1） 社会保険制度

ライフステージにおける社会保障を見る前に，伝統的な社会保障制度はどのように分析されてきたのかを見てみよう。日本の社会保障制度を規模・市民とのかかわりの程度で見た場合，最も大きくて私たちに身近なのが社会保険制度である。

社会保険制度には５種類がある。年金，医療，介護，雇用（失業），そして労働災害の補償である。これらに共通するのは集団内でのリスク分散である。たとえば，老齢や障害，生計維持者の死亡といったリスクを共有する人の集団内部で事前に少しずつお金を出し合っておいて，リスクが発生した人に対してニードが続く限り生活費を支給し続けるのが年金である。年金に加入する人は皆このようなリスクが発生するかもしれないから保険に加入し，保険料を払う。同じように，病気やケガをして治療費が必要になるかもしれないから，リスクを共有する人が少しずつお金を出し合うのが医療保険である。

社会保険は，「社会」が運営する「保険」である。「保険」とは，危険にさらされている多数の人々が支払う保険料を集めて全体としての収支が均等するように共通の準備金を形成し，そのことによって危険の分散を図る技術，とされている。そうすると，社会保険によって安心を得るのは，あらかじめ保険料を支払った人だけに限られ，保険料を支払っていない人にはなにも給付がない。これでは保険に加入していない人にリスクが発生したときにどうしよう，との不安を免れない。

保険は民間の保険会社でも行うことができる。民間保険は加入しようがしまいが，誰にも強制されない。民間保険と社会保険が大きく異なるのは社会保険が強制加入だということである。社会保険が強制加入である理由はリスクが現実化する不安を社会全体で解消するためである。もしも生活上のリスクに不安があっても，保険会社が運営する保険では，お金がなければ保険に加入することができない。そして保険に加入する必要がない人も加入しない。社会保険に強制加入させるということは，保険に加入する必要がない人も加入させることになる。それによって財源を調達し，お金がない人でもリスクが生じた場合には給付を行って，社会の不安を解消する仕組みを採用しているのである。

２）　公的扶助制度

このように，社会保険制度は強制加入制度の下，リスクが発生したときに給付を受けるには事前に保険料を納付しておくことが条件になる。しかし，実際には働くことができないので収入を得ることができず，保険料を納付することができないこともある。この場合には，社会保険の給付を受けることができないのである。

そのときには誰が働けない人の生活費を負担すべきであろうか。資本主義社会なのであるから自分の生活は自分で賄うべきで，それができなくても誰も助けない，という考え方もあるかもしれない。しかし，日本社会はそれほど冷たくはない。日本国憲法で生きる権利が国民に保障されているからである。

国家が国民に「健康で文化的な最低限度の生活を営む権利」を保障しているということを逆から見ると，国家は国民が最低限度の生活を送ることができるような制度を作らなければならない。それで作られているのが生活保護制度である。

もっとも，誰かが困っているときに手を差し伸べるのは，国よりも先に家族かもしれない。家族が愛情に基づいて誰かを支えることを否定することはできないだろう。これを私的扶養と呼ぶ。私的扶養を期待することができないとき，現実に私的扶養が行われないときには国家が生活保護制度によってその人の健康で文化的な最低限度の生活を保障することになる。そのような意味で，生活保護制度を私的扶養と対比して公的扶助ということがある。

3） 社会福祉制度

もともと公的扶助制度は，いろいろな生活問題のいろいろな側面を貧困という断面で切り取った上で，生活上の「困ったこと」すべてに対応する仕組みであった。その「困ったこと」には今でいう子どもの福祉，高齢者の福祉，障害者の福祉が含まれていた。だから戦後すぐの社会福祉というのは，低所得者向け対策の一部だったし，福祉の受給者であることは低所得者であることを意味していた。

しかし子どもや高齢者，障害者が生活上「困ったこと」は何も貧困であるから生じるものではない。だからといって社会保険で「困ったこと」のすべてを対応できるわけでもない。そこで，福祉サービスを必要とする人は公的扶助制度から独立した別の制度で対応するようになり，児童福祉制度，高齢者福祉制度，障害者福祉制度ができた。さらに母子世帯や難病患者に対する福祉制度など，その範囲が拡大していった。

これらの社会福祉制度は，その対象者に応じてさまざまな給付が準備された。たとえば，子どもの福祉に関しては，子を養育する親に対する支援（子育て支援）だけでなく，子ども自身が健やかに育つための支援（子育ち支援）について，経済的な支援も非経済的な支援も行われた。だから，社会福祉の制度は何らかの対人サービス（療育・保育・介護など）だけに限られず，金銭給付も含めて行われる。

それでは社会福祉の財政はどのようにして行われるか。社会福祉を必要とするのは低所得者に限られないから，資力調査を要する公的扶助だけではない。リスク発生が予期できないので事前に保険料を納付することが難しいことから社会保険では運営しにくい。そこで，原則として国庫がその費用を負担し，所得のある人には相応の自己負担を求めるのが一般的である。これに加えて産業界が事業主負担というお金を負担することがあるのもこの制度の特徴である。

（2）社会保障の給付

1）　所得保障

社会保障のもう１つの見方として，給付されるのがお金か否か，というものがある。社会保障の目的を貧困の解消だとすると，すでに貧困状態にある人にはそこから脱するため，貧困状態になりそうな人もこれを防止するために，金銭を給付する。これが社会保障制度のうち所得保障と呼ばれる方法である。

すでに貧困状態にある人の貧困状態を解消するためには，公的扶助制度などによって健康で文化的な最低限度の生活を維持できるだけの金銭が支給される。これは誰にでも認められている権利なのであるから，国家が税金によって運営するのが適している。

これに対して貧困になるかもしれない，ということは予測したり，類型化することができる。私たちは仕事をして得た収入で働くか，その人の収入で家族を養うなどして生活している。働いているときは貧困になることを予防するため事前に社会保険に加入し，働くことができなくなる高齢者や障害者になったときに保険給付を受けて貧困にならずに生活する，ということにするのである。これを扶養されていた家族から見ると，働く人がいなくなったことで収入が途絶えたのであるから，社会保険によって賃金収入に代わる所得保障がなされることになる。

2）医療福祉保障

もっとも，私たちの暮らしはお金だけで成り立っているわけではない。働くことを中心に考えたとしても，病気やケガによって働くことができなくなるかもしれない。このとき，単に生活費だけ保障されていても，問題が解決したわけではない。健康状態を回復して仕事に復帰するには，誰もが安心して医療にかかることが重要になる。そして医療行為が終了して障害が残ったとして，お金をもらっただけではどうしようもない。日常生活を営むのに何らかの人的なサービスが必要になる。

もっとも，所得保障制度が充実していてお金があれば，医療や介護を購入することができるかもしれない。しかし，実際に利用可能な医療や介護がなければ絵に描いた餅になるし，医療や介護のサービス購入費用があまりに高額であれば，一部の人しか利用することができなくなってしまう。医療や介護は所得の多寡にかかわらず必要になるものである。これを安心して誰もが利用できる社会は，私たちに安心感をもたらす。このような医療や介護は，所得保障制度とは区別して考えることができる。

（3）給付とニードで測れないもの

しかしこのように社会保障を所得保障か医療福祉サービス保障かで区別したとしても，それで必要なものをすべて洗い出したことになるのであろうか。何か困っている人にとって何が必要で，それを誰がどのように支えて，費用は誰が出すべきだろうか。一般的な教科書では年金や医療といった制度ごとに説明するが，本書は（どうしてもそのような説明をしなければならないこともあるが），これにとらわれず，ライフステージごとに考えてみよう。

3．社会保障の規模

（1）社会保障の財政

このように私たちの暮らしに密接にかかわりがある社会保障制度であるが，社会保障制度について誰がどの程度の負担をして，誰がどの程度の給付を受けているかを知っておくことは重要である。そして人口減少社会，巨額の財政赤字，家族と地域社会，働き方の大きな変革の中にあって，社会保障制度は持続可能であるかを考えなければならない。

ところで日本の国家財政の規模がどの程度か知っているだろうか。もちろん年によって変動はあるが，一般会計歳入・歳出の規模はおよそ100兆円くらいである。これは日本の人口１人あたり年間約80数万円くらいになる。このうち，最も大きい割合を占めるのが社会保障関係費であり，歳出の３分の１程度，およそ33兆円になる。

それでは日本の社会保障の財政規模は33兆円くらいのなのであろうか。一般会計における社会保障関係費とは別の見方で，社会保障給付費というのがある。社会保障給付費というのは国や自治体などから私たちに給付された社会保障の費用総額であり，だいたい120兆円くらいになる。これは年間１人あたりおよそ100万円の社会保障を使っていること

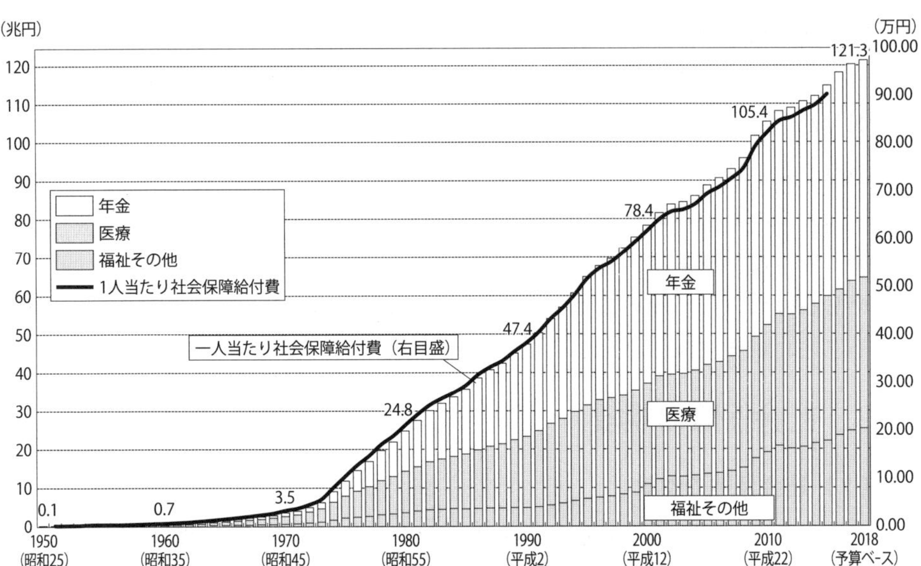

資料：国立社会保障・人口問題研究所「平成27年度社会保障費用統計」、2016年度、2017年度、2018年度（予算ベース）は厚生労働省推計、2018年度の国民所得額は「平成30年度の経済見通しと経済財政運営の基本的態度（平成30年1月22日閣議決定）」

（注）図中の数値は、1950,1960,1970,1980,1990,2000及び2010並びに2018年度（予算ベース）の社会保障給付費（兆円）である。

	1970	1980	1990	2000	2010	2018（予算ベース）
国民所得額（兆円）A	61.0	203.9	346.9	386.0	361.9	414.1
給付費総額（兆円）B	3.5（100.0%）	24.8（100.0%）	47.4（100.0%）	78.4（100.0%）	105.4（100.0%）	121.3（100.0%）
（内訳）年金	0.9（24.3%）	10.5（42.2%）	24.0（50.7%）	41.2（52.6%）	53.0（50.3%）	56.7（46.8%）
医療	2.1（58.9%）	10.7（43.3%）	18.6（39.1%）	26.2（33.5%）	33.2（31.5%）	39.2（32.4%）
福祉その他	0.6（16.8%）	3.6（14.5%）	4.8（10.2%）	11.0（14.0%）	19.2（18.2%）	25.3（20.9%）
B／A	5.77%	12.15%	13.67%	20.31%	29.11%	29.29%

図１－１　社会保障給付費の推移

出所：平成30年度版「厚生労働白書」

になる。

ここで不思議に思うかもしれない。社会保障給付費が一般会計歳出を上回るのはなぜか，ということである。それは財源に理由がある。社会保障の財源は税金だけでなく，社会保険料や事業主からの負担金などから成り立っている。そのなかでも社会保険料の財源が大きく，日本の社会保障財政は社会保険で構成されているのである。

（2）税と社会保険，私的関係

このように，社会保障制度の多くの部分が社会保険と税によって成り立っている。それでは社会保険と税では何が違うのであろうか。

社会保険は強制加入であり，保険料が強制的に徴収される。そして税は法律に基づいて強制的に徴収される。このように，必要となるお金を強制的に徴収されるという点では，あまり変わりがない。

給付の面で見ると，社会保険は，保険料を納付した人だけが給付を受けることができる。これに対して税は，納税したかどうかは給付を受ける条件とは関係がない。たとえば，税金を納めていない赤ちゃんが国の行うサービス（たとえば，国道の利用）を拒否されることはない。逆に，税金を納めていても利用できない国のサービスがある。このように，税金は払うことと受けるサービスが無関係である。

これには別の意味もある。税は国家なり自治体が強制的に集めるお金なので，法律に基づいて集めたお金の中だけで使途を決めなければならない。これに対して，社会保険は必要なお金を保険料で集めるので，必要なお金が増えた場合には保険料を引き上げることができる。たとえば，インフルエンザが流行して医療費が足りなくなった，というときには，保険料を引き上げることが許されるだろう。

（3）伸び続ける社会保障

図1－1を見ると，これから社会保障給付費が莫大なものになってしまい，それによって将来私たちの暮らしが脅かされる危険性を感じるかもしれない。しかしちょっと待ってほしい。

確かに社会保障給付費は伸びているし，これからも伸び続けるだろう。しかし，それを過大評価してはならない。というのは，過去と現在，未来とを単純に比較することは結構難しいからである。そして，実質と名目が異なる，という点にも留意しなければならない。たとえば，50年前の1万円と現在の1万円，50年後の1万円が同じであろうか，という問題である。確かに名目上は同じ1万円なのだが，これは100年間にわたって同じ価値が維持されてきた，つまりインフレやデフレが起こらなかったということを前提にしている。実質的な価値からすると，50年前の1万円はもっと高い価値であろうし，50年後の1万円はもっと低い価値になっているかもしれない。

図1－1に見られるような数字は，このような価値の変動を捨象して表現されている。私たちがお金のことを考えるときには，通常，それで何が買えるかという評価をしている。この評価は名目上のものではなく，実質的な価値である。つまり，名目と実質を混同しては，冷静な議論ができないのである（実は，この点は専門家でも見落としやすい視点である)。

それでも実質的に社会保障給付費は増える。図1－1を見ると，社会保障給付費の半分程度を占める年金が，これから高齢者人口が増えるに従って増大してしまい，大変なことになりそうにも思える。しかしこれはそうならないように手を打ってある。年金はこれからあまり大きくならず，財政規模が実質的に大きくなるのは医療と介護である。なぜそうなるのか，詳しくはこれから勉強してほしい。

そもそも，社会保障の大きさは小さければよい，というものでもない。社会保障の範囲を小さくしたところで，小さくなったところの必要性がなくなったわけではないからである。たとえば，社会保障の医療を削ったとしても，その分は個人が支払わなければならない医療費負担が増える。年金を減らしてもその分の貯蓄をしておかなければならないだろう。結局は市民全体，トータルでの負担が減るわけではない。つまり，社会保障を縮小しても負担は変わらないのである。

学習課題

1. 子どもが育っている間，働いている間，老後にそれぞれどのような社会保障制度が必要なのかを考えてみましょう。
2. 社会保障を社会保険制度と税で行う場合の，それぞれの意味を説明しましょう。
3. 日本の財政と社会保障制度の状況について説明しましょう。

参考文献

厚生労働省編『平成 20 年度版厚生労働白書』（ぎょうせい，2008 年）
荒木誠之『社会保障の法的構造』（有斐閣，1983 年）
椋野美智子・田中耕太郎『はじめての社会保障―福祉を学ぶ人へ［第 16 版］』（有斐閣，2019 年）
堀勝洋『社会保障法総論［第 2 版］』（東京大学出版会，2004 年）

2 貧困と生活保護（1）

《目標＆ポイント》 私たちの暮らしの各ステージには，貧困に陥る危険が常に潜んでいる。そして日本には死に直面するような深刻な貧困問題がかなりたくさんある。もっとも，健康で文化的な最低限度の生活を送ることが権利として保障されているのであるから，貧困に陥った場合には生活保護制度によってそれを改善することが当然であろう。この章では生活保護制度をめぐる状況を理解する。

《キーワード》 絶対的貧困，相対的貧困，セーフティネット，生活保護，健康で文化的な最低限度の生活，自立の助長，生活保護基準

1．日本の貧困

（1）貧困と社会保障制度

私たちの暮らしは，生活ができるだけの収入を得られるような仕事に恵まれたり，そのような仕事をしている親から扶養を受けて成り立っている。あるいは，年金などの社会保障制度で暮らしを回していることもあるだろう。

だが，そのようなことは偶然である。何らかの理由で仕事を続けることができなくなったり，予定していた収入を得ることができなくなることもあろう。予定外の出費で生活を圧迫してしまうこともある。病気が原因で仕事を失い，お金がなくて病院に行けず亡くなる例や，生活苦による自死，十分な食事を摂ることができずに栄養不足で死亡する例など，貧困を理由とする死亡は毎年数十件以上確認されている。

他方で日本国憲法25条1項では「すべて国民は，健康で文化的な最低限度の生活を営む権利を有する」と定め，貧困状態にならないための制度と，貧困状態になったあとの社会保障制度を設けている。したがって，日本には貧困問題が存在してはならないはずである。しかし現実はそうではない。それでは，貧困状態になったあとの社会保障制度である生活保護はどのようなものか。本章ではそれを検討する。

（2）貧困とは何か

これまで定義せずに貧困という言葉を使ってきた。貧困には2つの側面がある。1つは，ある人が生活に困窮しているかどうかという側面である。もう1つが，国が対応すべき対象者は誰かということである。両者は同じように見えるが，微妙に異なる。

貧困と聞いて思い浮かぶのは，お腹を空かせた途上国の子どもたちの映像であろうか。あるいは路上で空き缶を集めているホームレスであろうか。このように最低限必要なものを購入することができない状態を絶対的貧困と呼ぶ。確かに絶対的貧困は誰がどう見ても貧困だと感じられるであろう。しかし，最低限必要なものというのは時代や地域によってかなり異なり主観的にならざるを得ないので，定義には不向きである。

そこで，国際的にはその地域における大多数の人よりも低い収入しか得ることができない状態である相対的貧困が用いられる。相対的貧困率とは，ある99人の社会があるとして可処分所得が高いほうから50番目の人が得ている所得額の半分に満たない人の割合のことをいう（等価可処分所得中央値の半分）。

これに対し，日本国憲法に基づいて国家が対応しなければならない貧困は，生活保護基準に表される。生活保護基準は厚生労働大臣が定めるものであり，相対的貧困の基準とは異なる考え方で設定されている。

このような考え方に対し，近年では普通の暮らしができなくなる時点を貧困と呼ぶ考え方が広がっている。さらに，貧困は多様な生活問題が生じた結果であることから，貧困を生じさせる過程である社会的排除に着目する考え方も広がりつつある。社会的排除とは失業や低いスキル，不健康や家庭崩壊のような複合的不利にあって排除されている状態を指しており，近年はこのような状態を脱して社会的に包摂して，人びとが生き生きと生活するための施策を講じているところである。生活保護制度もこの政策の一部と位置付けられる。

（3）貧困の状況

国民生活基礎調査に基づく日本の相対的貧困率は15.6％（2015年）であり，およそ6人に1人が貧困状態にある。年齢別には65歳以上の相対的貧困率が高く，ここ30年間で全体の貧困率は上昇傾向にある。この数値は先進国の中で高い部類に属している。

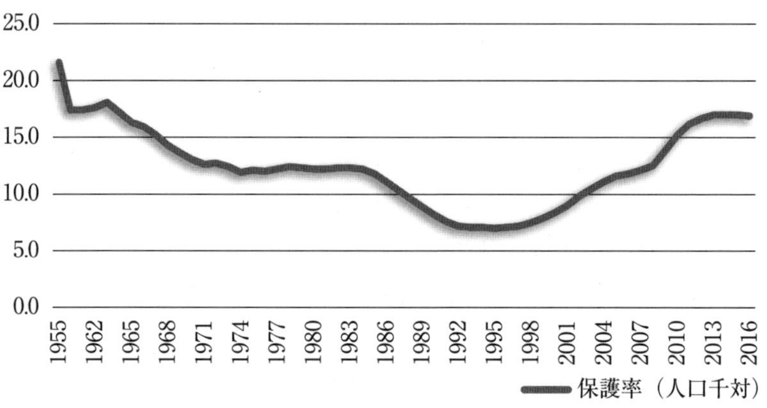

図2－1　保護率の推移

出所：厚生労働省「平成28年度被保護者調査」より筆者作成

これに対し，健康で文化的な最低限度の生活を保障するための仕組みである生活保護制度を利用しているのは214万人程度で人口の約1.7%に過ぎない。

相対的貧困率と保護率との間にはかなりの差がある。これは，両者が必ずしも一致する概念ではないことが主たる原因であるが，実際には生活保護を利用することができるにもかかわらず利用している人の割合（捕捉率）が国際的に見ても低いという問題が指摘されている。

（4）社会保険と生活保護

貧困状態は誰もが避けたいことであることから，社会は貧困を予防する施策を講じることができる。予防するためには，どのような時に貧困状態になる恐れが生じるかを類型化する必要がある。その類型は社会保険のリスクである老齢，障害，生計維持者の死亡，傷病，失業，労働災害が典型的である。このためにあらかじめ社会保険制度に加入して保険料を納付した人にリスクが発生した場合，そのニーズに応じて給付する制度が設けられている。

もっとも，生活困窮状態を脱するために何らかの支援を行う主体は国家に限られない。親が子を養い，配偶者が他方の配偶者の生計を維持するなど，私的扶養関係においてそれが実現されることがある。この関係は私的な愛情によって支えられているものであって，美しく尊い関係である。しかし，愛情だけで扶養が貫徹されるわけではないし，誰かが誰かを養い続ける保障はない。

しかし，貧困のリスクは社会保険制度によって完全に除去できるわけではない。社会保険はその性質上，事前の保険料拠出を必要とするし，想定されるニーズは定型的であって個別のニーズに即しているわけではないからである。これに加えて，私たちの生活を脅かすリスクが必ずしも定型的であるわけではなく，さまざまな原因が重複している。いつ，どのようなきっかけで，貧困になるかは誰にもわからないのである。

貧困状態は肉体的・医学的・精神的な欠乏を生むだけでなく，社会的関係の喪失と社会的排除をもたらす。このような事態は貧困状態に陥った人にとっても，社会全体にとっても望ましいことではない。そこで生活困窮状態を把握し，個別のニーズに即応するように税財源で最低限度の生活を保障する仕組みが要請される。

誰もが貧困状態になるリスクがあるのだから，これを救済する制度が構築されていることは，私たちの生活に安心をもたらすだろう。これを公的に行うことを，私的扶養に対置させる形で公的扶助という。そして日本で公的扶助というのは一般に生活保護制度のことを指す。

2. 生活保護制度の現状

(1) 生活のセーフティネット

私たちの暮らしは働くことか扶養されることによって成り立っている。しかし働いて生計を維持するのは綱渡りのようなものである。綱渡りをしていて落ちてしまったら大変なので，落ちてもけがをしないように網を張っている。これをセーフティネットと呼んでいる。

私たちの暮らしのセーフティネットは何だろうか。第1のネットは，働くことである。健康に働くことができて，十分な収入を得ることができるルール,つまり労働法があることによって働く人の生活が守られる。しかし労働することができなかったり，働いても十分に暮らせるだけの収入を得ることができないならばどうするだろうか。定型的なリスクに関しては社会保険制度がその対応をする。これが第2のセーフティネットである。しかし社会保険制度では十分に対応できないことがある。その場合に活用されてきたのが生活保護制度であり，これが最後のセーフティネットとなる。生活保護によるセーフティネットは，貧困をもたらした原因を問わず，誰でも利用できる制度である。

これら何重にも折り重なったセーフティネットが完備されているならば，セーフティネットとは一見無関係に思える人にも安心感を与えることができる。たとえば，どうにか生活を維持することができている人が，夢に向かって新しい仕事に就こうとするときには不安を覚えるであろう。セーフティネットが充実していれば，多少の失敗があっても暮らしていくことができる。そのような安心感は絶大なものであるから，安心してチャレンジすることができる社会が出現することになる。このように，セーフティネットは誰にとっても必要なものなのである。

（2）生活保護の世帯類型

誰でも生活保護制度を利用することができるが，現在それを利用している人を類型化してみる。その類型は次のように整理されている。

生活保護制度を利用している世帯を世帯類型別に見ると，高齢世帯がおおむね55％程度，母子世帯が5％，障害者世帯・傷病者世帯が25％，その他の世帯が15％程度である（ここでは世帯を単位としてるが，被保護人員数でこれを見ると多少異なる結果になることに留意してほしい）。高齢者世帯が過半数を占めており，人口高齢化に伴ってこれから低年金・低収入の高齢者も増えるであろうから，生活保護制度全体が高齢者にシフトしていくとともに，被保護者数も増加することになろう。

見逃せないのはその他の世帯の存在である。その他の世帯は就労に阻害要因がない，働くことができる人たちであるかのように見える。しかし注意してほしいのは，この定義が私たちの実感とは少しずれていることである。たとえば，66歳と64歳の夫婦二人暮らしや，一人暮らしをして就労継続支援A型の施設で働く障害者は，この定義からするとい

表２－１　世帯の定義

高齢世帯	男女ともに65歳以上の者のみで構成されている世帯。もしくはこれに18歳未満の者が加わった世帯。
母子世帯	現に配偶者がいない（死別，離別，生死不明および未婚等による）65歳未満の女性と18歳未満のその子（養子を含む）のみで構成されている世帯。
障害者世帯・傷病者世帯	世帯主が障害者加算を受けているか，障害，知的障害等の心身上の障害のために働くことができない者である世帯ならびに世帯主が入院（介護老人保健施設入所を含む）しているか，在宅患者加算を受けている世帯もしくは世帯主が傷病のため働けない者である世帯。
その他の世帯	上記のいずれにも該当しない世帯。

出所：厚生労働省「福祉行政報告例」より筆者作成

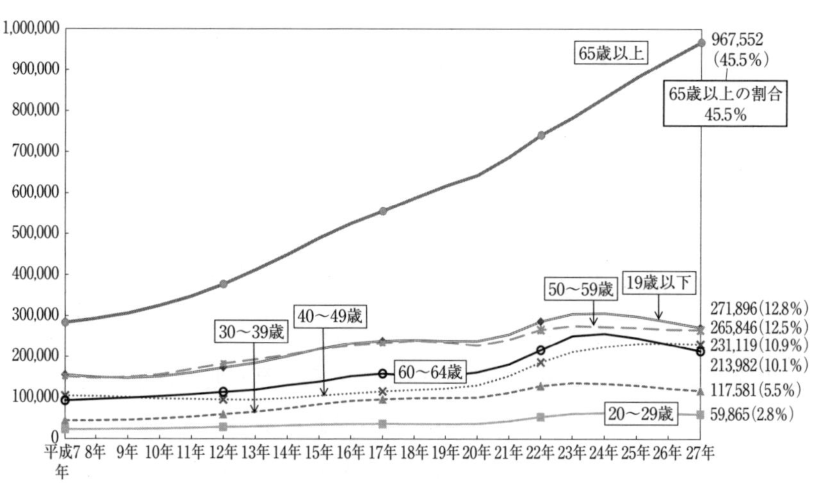

図２－２　年齢層別被保護人員の年次推移

出所：厚生労働省「被保護者調査」

ずれもその他の世帯である。そして，働くことができないにもかかわらず障害などの判断基準に適合しないために障害者世帯・傷病者世帯に分類されない世帯も少なくない。実際，その他の世帯に分類されているかなりの人が何らかの就労阻害要因を抱えていると報告されている。そうすると，現在の生活保護制度を利用しているのは，何らかの事情によって働くことができない人が大多数であるということになる。

（3）保護開始事由と廃止事由

生活保護を利用しはじめた理由として最も多いのは，「貯金等の減少・喪失」である。それに次いで多いのが「傷病による」ものであって，以下，「働きによる収入の減少・喪失」が続いている。ここから見えてくるのは，病気やけが，あるいは加齢によって働くことが難しくなり，ぎり

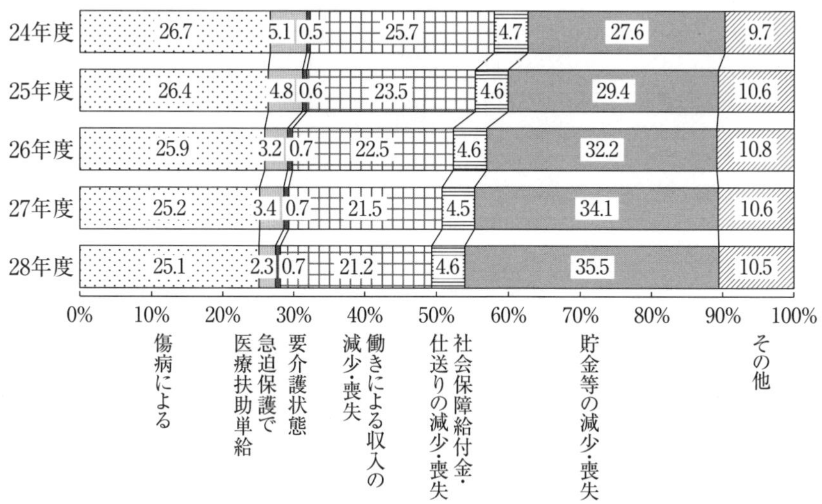

図2－3　保護開始の主な理由別世帯数の構成割合

出所：厚生労働省「生活保護の被保護者調査（平成28年度月次調査確定値）」

ぎりまで自分の力で生計を維持してきたけれども，預貯金を使い果たしてしまったので生活保護を受ける以外に途がなくなった，ということであろう。働くことができなくなったときの社会保険のセーフティネットが十分に機能していないことがあるということがわかる。

これに対して，保護廃止の理由として最も多いのが「死亡」である。そうすると，傷病や加齢によって生活困窮になってから生活保護を受給しはじめ，死亡に至るまでずっと生活保護を利用しているという像が浮かぶ。ただ，保護廃止理由の第２が「働きによる収入の増加・取得・働き手の転入」となっており，生活保護利用者の就労支援施策が一定の成果を見せていることは見過ごせない。

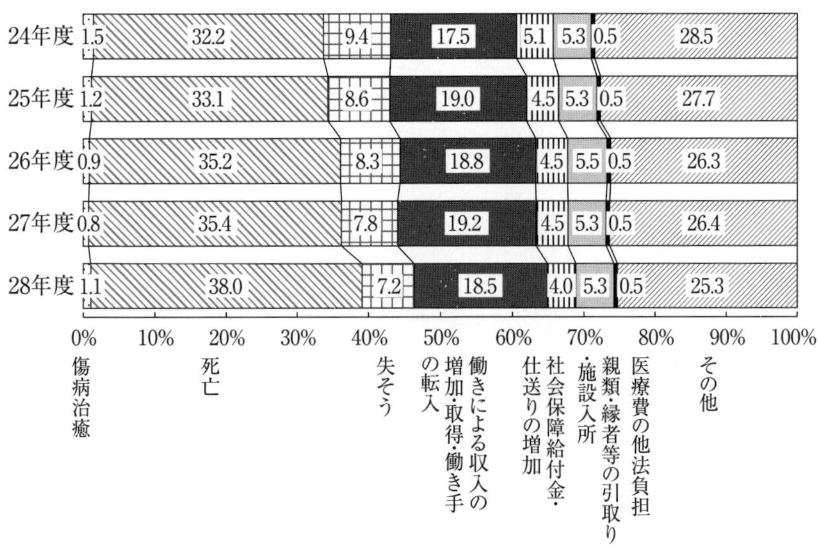

図２－４　保護廃止の主な理由別世帯数の構成割合

出所：厚生労働省「生活保護の被保護者調査（平成 28 年度月次調査確定値）」

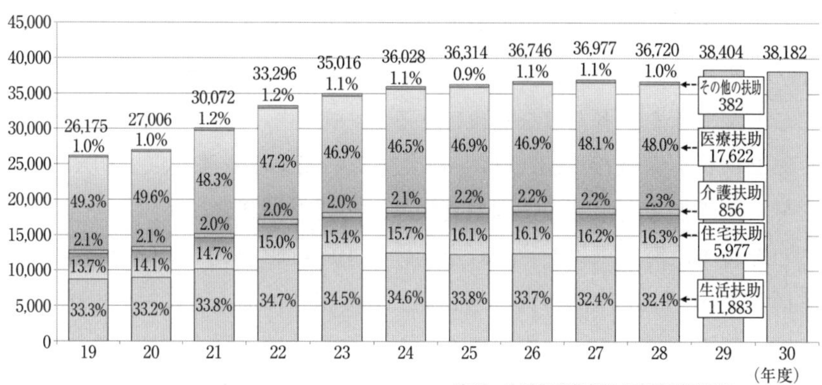

※１　施設事務費を除く
※２　平成 28 年度までは実績額（28 年度は暫定値）、29 年度は補正後予算額、30 年度は当初予算額（案）
※３　国と地方における負担割合については、国 3/4、地方 1/4

図２－５　生活保護負担金（事業費ベース）実績額の推移

出所：厚生労働省「生活保護費負担金事業実績報告」

（4）生活保護の予算規模

生活保護の予算規模は約 3.8 兆円である。これは年金給付の約 15 分の 1，医療給付の 10 分の 1 程度の規模である。生活保護費の半分は医療費であり，最低限度の生活を維持するための生活扶助費は３分の１程度に過ぎない。

3．生活保護制度の考え方

（1）生活保護の歴史

日本で貧困者を救済する仕組みが始まったのは明治期のことである。1874（明治７）年に制定された恤救（じゅっきゅう）規則（きそく）は，封建的な共同体や家族制度の相互扶助である「人民相互ノ情誼（じょうぎ）」を旨として，救済されない障害者や高齢者，児童などの「無告ノ窮民」を対象とする制限的なものであった。第1次世界大戦後に貧困者が大量発生したことを受け，1932（昭和7）年に救護法を施行するが，これも高齢者や障害者，児童などの働くことができない者だけを対象にするものであった。

第2次世界大戦後，GHQは「社会救済に関する覚書（SCAPIN775）」を発し，①無差別平等，②国家責任，③必要な保護費に制限を加えないことを日本政府に求めた。これを受けて1946（昭和21）年に制定された生活保護法では，生活の保護を必要とする状態にある者に対して国が無差別平等に保護することを定めた。しかし同法は勤労を怠る者や素行不良な者，扶養可能な扶養義務者がいる場合には保護を行わないことを定めており，無差別平等とはいうものの制限的な運用を許すものであった。

日本国憲法施行後の1950（昭和25）年，生活保護法が改正された。この改正により，怠惰であるとか素行不良であるといったことで生活保護を制限する欠格条項が廃止された。たとえ倫理的に否定されるような原因によって生じた貧困であっても，無差別平等に保護を行うことにしたのである。これと同時に健康で文化的な最低限度の生活を保障し，生活保護を利用する人の自立を助長することを目的として掲げた。

（2）生活保護の目的

1） 最低生活の保障

このようにして70年ほど前にできあがった生活保護法は，現在でもそれほど大きく変更されていない。それは時代の変化に堪えうる強靱な枠組みを持っているからである。

生活保護の目的は2つある。1つは，憲法で保障されている「健康で文化的な最低限度の生活」を国民に保障することである。もう1つは，生活保護を利用している人の自立を助けることである。

まず，第1の目的である健康で文化的な最低限度の生活を保障することとは何であろうか。これにはいくつかの意味がある。すぐに思いつくのは，健康で文化的な最低限度の生活の水準の評価であろう。この水準は，私たちの健康で文化的な最低限度の生活を送るためにはいくら必要なのか，という金銭的価値として評価される。これは単に肉体的な生存を維持することができるだけの消費カロリーを保障するだけではない。これを超えた「健康で文化的な」生活水準でなければならない。

もう１つの側面は，私たちの生活には実に多様なライフイベントがあるが，それをすべて保障しているということである。なんらかの想定外の困難が生じた場合であっても，すべての生活場面に対応する生活保護給付が準備されていなければならない。たとえば，医療や介護，出産や死亡など，事前に準備することができないのに多額の費用を要するライフイベントのすべてに対して生活保護制度が対応できなければならない。

さらにもう１つは，生活保護制度が社会保障制度のセーフティネットであることから，社会保障制度の基礎となるということである。社会保障制度はお腹の中からお墓の中まで対象とするものであって，それは実に多様な方法で行われる。生活保護制度はすべての社会保障制度の基礎となるものであって，すべての生活場面における最低限度を必ず提供するものでなければならない。それゆえに生活保護制度がなければ，セーフティネットに穴が空いてしまう。

2）　自立の助長とケースワーク

生活保護は，健康で文化的な最低限度の生活を保障すると同時に，生活保護を利用する人の自立を助長することもその目的としている。自立というのは自ら立つということであり，誰か・何かに依存するのではない。生活保護が自立を目的としているという意味は，生活保護に依存した生活を送るのではなくて，生活保護から脱却することのように思われる。つまり，生活保護の目的は，保護の利用者が働くことで生活保護基準以上の収入を得ることによって保護を廃止されることにある，ということになる。しかし，保護の目的が保護を辞めること，というのは矛盾している。それだけでなく，保護を利用している人の大多数は働くことができないから，自立ということが意味をなさなくなってしまう。

自立は経済的な意味に限定されない。生活保護利用者が特定の誰かに隷属して生活することを余儀なくされてしまってはならない。自立とは，生活保護を利用しながら精神的に自立した生活を手に入れることを意味する。このように，生活保護制度における自立とは，経済的な自立だけを指すのではなくて，精神的な自立も当然に含まれるのである。

しかし精神的な自立とは何であろうか。生活保護を利用している人は実に多種多様で複合的な生活問題を抱えていることが多い。そのような人の複雑に絡み合った生活問題をほぐし，解決の道筋を立てていくことが精神的な自立につながる。このためには，問題の状況に応じて生活保護に携わる人が段階的な支援をする必要がある。この支援をケースワークという。ところがこのケースワークを担うのは，必ずしも専門的にケースワークを勉強して熟練している者であるとは限らない。日本における生活保護のケースワーカーは，地方自治体の職員が人事異動で担当することが多く，その担当も数年に限られているので専門性を修得する前に異動してしまうこともある。

3） 自立支援プログラムにおける自立概念

たとえば，長年にわたってひきこもりの暮らしをしてきた人が生活困窮に陥っている場合，すぐに働いて自活できるだけの収入を得ることは相当難しいであろう。これをどのように支援するかは，ケースワーカーの知識や経験に依存している。知識や経験が豊富なケースワーカーが担当すれば改善するかもしれないが，ケースワーカーに専門的な知識がなかったり生活保護利用者との関係が悪ければ成功しないであろう。

そこで，生活保護を利用する人の自立に向けた取組みを標準化して自立支援の方法をプログラム化することにより，どのようなケースワーカーが担当しても保護利用者の自立に資することを目指す，自立支援プログラムが設けられた。そのプログラムにおける自立の概念は次の３つである。

第１が，自分の健康や生活管理などを行う日常生活自立である。これによって生活保護を利用している人の心身の健康を取り戻し，安定した日常生活を送ることができると同時に，自立に向けた意欲を取り戻すことができる。しかしそれでも就労は他者との関わりを避けることができない。他者との関係が断絶されたままであれば自立に向かうことが難しい。そこで第２に，地域社会の一員として充実した生活を送るという社会生活自立が考えられる。他者との関わりを増やすことで徐々に承認欲求を満たすことができるようになり，社会に必要とされているということがさらなる自立へ向かわせることになる。そして第３が就労による経済的自立である。

このように，生活保護制度が自立を目的としているのは，複合的な生活問題を抱えた保護利用者の問題を解決するためである。決して真に貧しい人だけ救済すべきだとして選別することや，貧困に陥ったのは自己責任だと非難し，できるだけ生活保護を抑制することが目的ではないのである。貧困は一見頑張らなかったその人の自己責任であるかのように見えるかもしれないが，生活を維持することができるほどに頑張ることができなかったことはその基盤を整備すべき社会の責任である。誰もが同じリスクを抱えていることを忘れてはならない。

4．生活保護制度の基準と給付の水準

（1）生活保護を利用できるかどうか

生活保護制度の支給対象となるのは生活困窮状態である。生活保護制度は無差別平等に行われるので，生活困窮状態に陥った原因は問われない。つまり，病気やけがで働くことができなくなった場合であっても，ギャンブルで多重債務を抱えてしまった場合でも，刑務所から出所して当面の生活が定まらない場合であっても，生活困窮状態にあれば誰でも生活保護を利用することができる。

それでは生活保護を利用することができる生活困窮状態とはどのような状態だろうか。私たちの暮らしは，できるだけ自分の力で生計を維持する努力によって成り立っている。努力をしても，どうしても自分で生計を維持することができないことがある。その場合には，自分の努力と

○保護を利用することができる状態

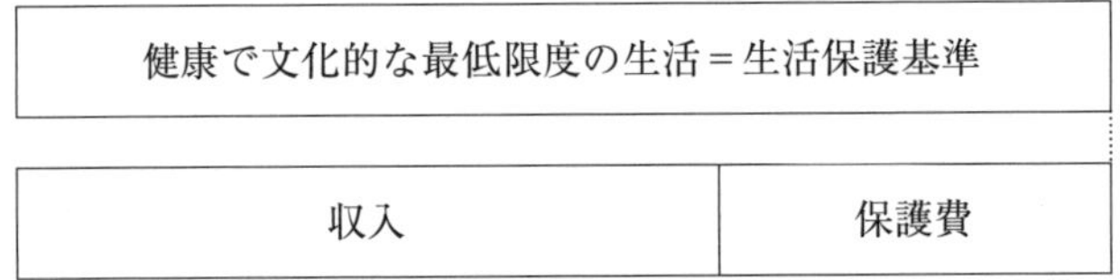

○保護を利用することができない状態

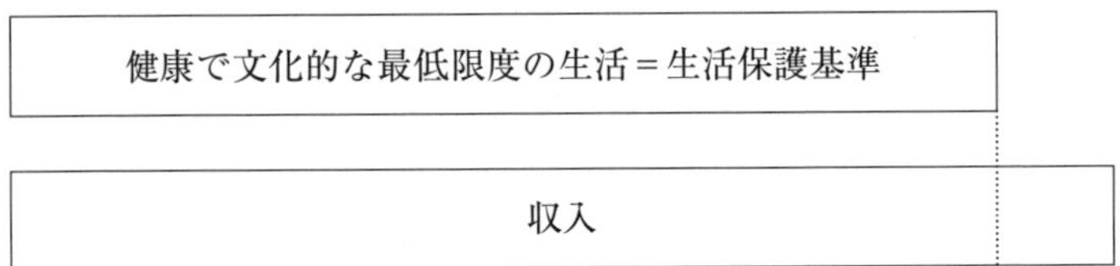

図2－6　生活保護基準と収入・保護費（筆者作成）

健康で文化的な最低限度の生活水準との差額が給付されることによって，自立した生活を手に入れることができる。つまり，生活保護を受けるかどうか，受けるとすればどの程度か，というのは図2－6のように示すことができる。

この図表からわかるのは，生活保護として支給されるのは生活保護基準から収入を差し引いた額である，ということである。つまり，生活保護基準というのは，ある人が生活困窮状態にあって生活保護をするかしないかという判断基準と，生活保護を利用する場合に支給される生活保護費がいくらになるか，という支給基準の２つの性格を持っているのである。

（2）生活保護の基準

生活保護基準は，誰が，どのようにして決めるのであろうか。

生活保護の基準は憲法で定められた生存権を具体化するものであるから，主権者である国民が決めるべきであるかもしれない。このように考えると，国会で審議をして法律で決めることが適当かもしれない。しかし，国会の審議は政権によって左右されるし，予算の都合で変わってくるかもしれない。専門的知見から健康で文化的な最低限度の生活水準を決定することが重要なのに，国会がその能力を発揮していけるという保障はない。そこで，厚生労働大臣が行政作用として決定することにしている。もっとも厚生労働大臣が単独で決定するのは現実的ではないので，あらかじめ生活保護基準の決め方を定めておいて，それに基づいて具体的な水準が決定されている。

現在の生活保護基準は次のような経緯をたどってきた。たとえば，日用品や食料品を購入するためにスーパーマーケットに行ったとする。そこで最低限必要なものをバスケットに入れ，レジで精算する。このように，健康で文化的な最低限度の生活を営むために必要な飲食物費や衣類などの個々の品目１つ１つを積み重ねて生活保護基準を算出する方式をマーケット・バスケット方式といい，1960 年まで使われてきた。ところがマーケット･バスケット方式は品目の選出が恣意的になるだけでなく，急激な物価上昇に対応しにくい問題があった。そこで，生活するのに必要な栄養所要量を算出し，そこから逆算して保護基準を決める方法が採用された。これをエンゲル方式といい，1964 年まで採用された。他方でこの時代は一般国民の消費水準が急激に向上していたので，生活保護を利用している人の生活水準が見劣りするようになってきた。そこで生活保護を利用していない世帯との格差を縮小する格差縮小方式が 1983 年まで採用された。その後は相対的貧困の考え方から，生活保護を利用していない世帯との均衡を保つ水準として設定することになった。これを水準均衡方式といい，現在はこれが利用されている。

20 世紀の間は，保護基準の決め方を変更しても生活保護基準の名目額は上昇を続けた。ところが，水準均衡方式で生活保護基準を改定すると，デフレ経済期には保護基準の名目額を引き下げなければならないことになる。これに加え，国の財政事情の悪化，生活保護制度以外の社会保障制度の充実によって，生活保護基準の考え方自体が見直されるようになった。それによって，ここ数年は名目だけでなく実質でも生活保護基準が引き下げられるようになってきた。生活保護にかかる費用を節約するだけでなく，これまで生活保護を利用できていた人が利用できなくなったり，利用し続けてもこれまでと同じ暮らしができなくなる人が出てきた。生活保護基準は生活保護制度以外にも影響があるから，引き下げの効果は甚大である。私たちは，生活保護基準の決め方がこれでいいのか，常に監視し続けなければならない。

学習課題

1．絶対的貧困と相対的貧困がどう違うのか説明しましょう。
2．生活保護を利用している人の特徴を説明しましょう。
3．生活保護基準は誰がどのように決めるのが適当でしょうか。考えられる選択肢をすべてあげて論じましょう。

参考文献

生活保護制度研究会『保護のてびき』（第一法規，各年）

3　貧困と生活保護（2）

《目標＆ポイント》 生活保護制度は国民の誰もが条件に当てはまる限り利用することができる。その条件とは何であろうか。そしてどのような安心を得ることができ，どのような支援を受けることができるのであろうか。この章では，日本の社会保障制度の基礎である生活保護制度についてきちんと理解することで，社会保障が何を保障しようとしているのかを考える。
《キーワード》 外国人と生活保護，ホームレス，扶養義務，資産，所得，稼働能力，申請保護，ケースワーク

1．生活保護を受けることができる人

（1）外国人と生活保護

日本は日本国籍を持つ人と，日本以外の国籍を持つ人が共に暮らして社会が成り立っている。日本国憲法がいう生存権は，すべての「国民」が健康で文化的な最低限度の生活を維持する権利を保障しているものだが，それでは日本以外の国籍をもって日本で生活している人に生存権規定が及ぶのであろうか。最高裁判所は日本国憲法の人権規定が日本以外の国籍を持っている人に及ぶかどうかは，その人権の性質によると理解している。それでは健康で文化的な最低限度の生活を営む権利を具体化した生活保護制度を日本以外の国籍を持つ人が利用することができるのであろうか。

日本の国籍を持つ人に日本国憲法が保障している生存権を保障するのは当然である。他方で，日本国憲法は日本以外の国籍を持つ人に生存権

を及ぼすことを禁止していない。そうすると，日本以外の国籍を持つ人が生活保護制度を利用する余地がありそうである。実際，年金や医療保険，介護保険あるいは障害者や児童福祉制度は国籍に関わりなく利用することができる。

しかし，「禁止されていない」ということは，日本以外の国籍を持つ人が生活保護を利用することを意味するものではない。これは国の法律で自由に定めることができるということなのである。そこで現在の生活保護法は日本国籍を持つ国民の権利を認め，日本以外の国籍を持つ人については何も決めないという態度を取っている。日本国籍を持っているかどうかで適用関係が変わる社会保障制度は，生活保護制度以外に存在しない。

もともと1946（昭和21）年の生活保護法では「国民」という言葉を使っていなかった。この時代には多くの生活に困窮する日本以外の国籍をもつ人たちが生活保護を利用していた。しかし，1950（昭和25）年に法改正された際に国籍要件が導入され，日本以外の国籍を持つ人が権利として生活保護を利用することができなくなった。もっとも日本以外の国籍を持つ人の貧困問題が解消したわけではない。

そこで，生活に困窮する日本国籍を持たない人は，日本の国籍を持つ人と同じ内容の生活保護を利用することができる（準用する）ということになった。国籍がどうであれ，一定の在留資格があれば同じ生活保護を利用することができるということになったのである。もっとも，日本以外の国籍を持つ人に法的な請求権が認められているわけではない。そしてこの措置は法律で認められて定住・永住する外国人だけを対象としているので，一時的に入国している人や不法滞在の状態になっている人が利用することはできない。それゆえに，在留資格が切れた状態で医療保険に加入していない人の緊急医療の費用をどのように負担するかといったことが問題になっている。

(2) ホームレス／ハウスレスと生活保護

ホームレスとは,「都市公園, 河川, 道路, 駅舎その他の施設を故なく起居の場所とし, 日常生活を営んでいる者」と法律で定義されている(ホームレスの自立の支援等に関する特別措置法第2条)。この定義では, 自宅で暮らすことができずに友人知人の家を転々としたりネットカフェで生活するような人はホームレスとは言わない。ホームレスであることの問題は生活の拠点を合法的に得ていない状態から生じていることが多い。考えてみればわかることだが, 携帯電話を購入するにも履歴書を書いて就職活動をするにも, 一定の住所がないと現実的には難しい。このように, 一定の住所を持たないホームレスは, 自立しようとしてもとても高い壁があるのである。

もともと「ホーム」とは, 家族との団らんのイメージである。つまり, ホームレスとは家族的な関係を喪失した状態を言うのであって, 住む場所がないということとは少し異なる。欧米でも homeless に対して houseless という言葉を使うことがある。ハウスレス状態は住民登録をせずにどこかに生活の根拠を構えて暮らしていることが多いが, 住民登録していなければ生活保護を受けることができないのであろうか。

ハウスレスであるということは経済的に困窮しているだけでなく, 社会的に排除されていることが少なくない。多様な生活上の問題を解決して社会的包摂を進めるためには何らかの支援が必要である。したがって, 生活保護制度で健康で文化的な最低限度の生活を保障しつつ、社会的に排除されない生活ができるよう支援されることが, とても重要である。もともと生活保護は無差別平等に適用されるのであるから, 住むべき家があるかどうかで差別的な取扱いをしない。

ハウスレス状態を脱しようとする人が生活保護を利用する場合，生活保護法上の施設で生活をするか，アパートを賃借するなどして居宅で暮らすかを選択することができる。原則はアパートなどの居宅生活であって，本人が施設で暮らしたいとの希望を持っていたり，居宅で一人暮らしをする医学的な問題があるような例外的な場合でない限り，居宅で生活することになる。よほどのことがない限り施設での生活を強制することはできない。新しくアパートを借りる場合の敷金や引っ越し費用は生活保護から支給される。

もっとも，最初からずっとこのような取扱いがなされてきたわけではない。リーマンショック以降，すべての自治体がこのような取扱いをするようになってからホームレス数が減少してきた。しかし，減少したのは見かけ上にすぎないのかもしれない。今でも路上で生活する人や知人宅を転々とする人は少なくないし，生活保護を利用することをためらっている人も少なくない。

（3）扶養義務者と生活保護

1）　扶養義務の優先

生活保護を利用しようとしても，扶養義務者がいる場合にはどうなるだろうか。考え方として2つある。1つは，扶養義務者がいればその人の扶養を必ず受けなければならず生活保護を利用することができないという，要件とみる考え方である。もう1つは，現実に扶養が行われた場合に限って生活保護がその分縮減する，事実上の優先というものである。この2つは似ているように見えるが，実際は大きく異なる。

たとえば，DVで離婚した元妻が幼子を連れて母子世帯となり，生活保護を申請したとしよう。確かに，離婚しているのだから元夫と元妻の間には扶養義務がない。しかしたとえ離婚して別居しているとしても，元夫から幼子には扶養義務がある。扶養義務者からの扶養を要件と考えるならば，元妻が生活保護を利用するためには，元夫からの養育費をもらわなければならなくなってしまう。DVで離婚しているのだから，元妻が元夫へ接触することはできるだけ避けたいだろうし，現実的にも養育費を支払ってもらうことは難しい。そうすると，この母子家庭は生活保護を利用することができず，生活に困窮してしまう。これでは救われないので，扶養義務の履行は生活保護の要件でなく事実上の優先関係にあるということになる。

つまり，扶養することができる親族がいるだけでは生活保護を利用することを否定されない。その親族が実際に生活に困窮した人を扶養する意思があり，現実にそれが行われた場合に限って，実際に送金された金額の程度に応じて支給される生活保護費が減額されるにとどまる。いかなる場合であっても扶養を当事者以外の誰かが強制することはできないのである。もちろんこの場合の扶養というのは同居して一緒に生活をすることを義務付けるのではなく，経済的な支援関係，つまり仕送りをするかどうかということが一般的である。

ところで，先進国のほとんどは，生活に困窮している人に対して，国家の責任で生活困窮者の貧困状態を改善する施策を講じている。その制度は各国で相当異なるが，扶養義務者の扶養が貧困救済の制度に優先するとか，扶養を受けなければ国家が救済しない，という国は非常に少ない。日本は国が救済する前に私的な扶養関係を優先する特殊な立法例であるといえる。生活困窮状態への支援が個人を単位とするか，それとも世帯ないし扶養関係を単位とすべきかは，これからの日本で議論の余地があろう。

2）　扶養義務の範囲と程度

もっとも，先進国でも扶養義務者の扶養が公的扶助に優先する国もある。その場合の扶養義務者の範囲の多くは夫婦間と親が未成年者に対する扶養に限られることが多い。

日本の生活保護における扶養義務者の範囲は，諸外国のそれに比べるとかなり広い。法律では，民法に定める扶養義務者ということになっている。民法における扶養義務者は①直系血族と兄弟姉妹，②家庭裁判所が定める三親等内の親族である。そして扶養義務者として直接定めているわけではないけれども，③夫婦間も夫婦財産制の下で扶養義務を負わせる。このうち①と③を絶対的扶養義務者，②を相対的扶養義務者と呼んでいる。

これら親等関係を表したのが図３－１である。絶対的扶養義務者になるのは点線で囲まれた範囲であり，裁判所の決定がなくとも扶養義務を負わせることができる。これ以外の範囲はすべて相対的扶養義務者であ

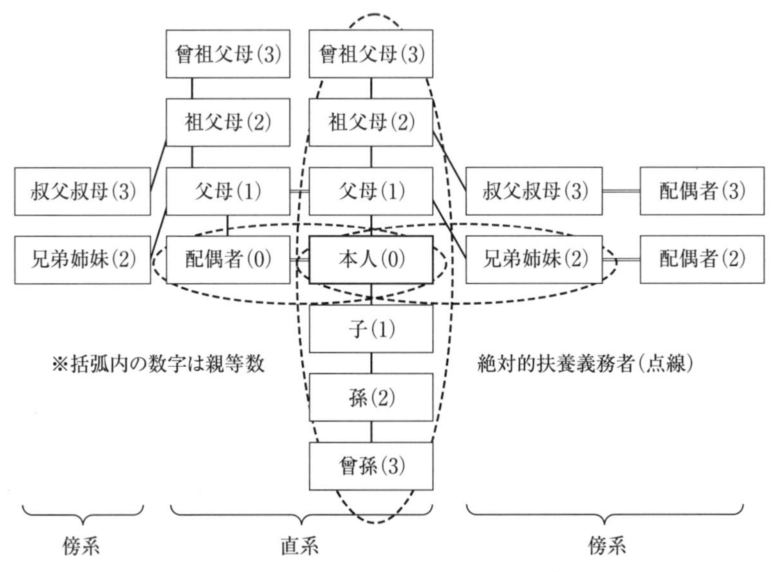

図３－１　親等表（筆者作成）

り，裁判所の決定があれば扶養義務を負わせることができる。

生活保護で扶養義務を負うというのはどういうことか。その範囲にある人が生活保護を申請した場合，金銭の仕送りを義務付けられるということである。つまり，絶対的扶養義務者であるか裁判所の決定によって相対的扶養義務者となった場合，あなたの三親等内の親族である叔父叔母が生活保護を申請したならば，血縁の有無にかかわらず，あなたに扶養するだけの能力があるかどうかを判定するため，所得状況を調べて仕送りを依頼されるということである。これは逆も同様であり，あなたが生活保護を申請した場合，叔父叔母にまで扶養照会が届くことがあるということを意味する。遠い親族に知られてまでも生活保護を申請するだろうか。それで申請しない人がたくさんいるのである。

このように扶養義務は広範囲にわたるが，扶養義務者が自分にとって身近な人であるかどうかによって仕送りを依頼する・されることの感情的な程度が変わるだろう。扶養義務者がどの程度の扶養をするべきか，その程度は本人からみてどの範囲に属する扶養義務者であるかに応じて決定されてよい。

この程度は，自分の選択で形成した親族関係には強い扶養の責任を負うべきであって，選択の余地なく形成された親族関係は弱い扶養の責任を負うべきである，という考え方に基づいている。自分が選択できる親族の範囲は配偶者を持つか否かと，子を持つか否かということだけであって，それ以外は選択の余地なく形成された親族関係にあたる。そして子どもが一定程度成長すれば，親が子を扶養するいわれはない。

そこで，配偶者間と親の未成熟子に対する扶養義務を生活保持義務といい，「最後の一粒の米を分けるべき義務」と評される。これ以外の扶養義務者の扶養は生活扶助義務といい，「余った米を分け合う義務」という。そしてこの考え方からすれば，成人した子の親が生活に困窮しているか

表3－1　扶養義務の範囲と程度（筆者作成）

<table>
<tr><th></th><th colspan="2">関係</th><th>扶養義務を負う場合</th><th colspan="2">扶養の程度</th><th>扶養程度の決定</th></tr>
<tr><td>夫婦財産制</td><td colspan="2">夫婦</td><td rowspan="4">常に義務を負う</td><td rowspan="2">生活保持義務（強い扶養義務）</td><td rowspan="2">扶養義務者が自身と同程度の生活を保障する義務</td><td rowspan="5">当事者間で協議し，協議が整わないときは家庭裁判所が一切の事情を考慮して決定</td></tr>
<tr><td rowspan="3">絶対的扶養義務</td><td rowspan="2">直系血族</td><td>未成熟子に対する親</td></tr>
<tr><td>成人した子に対する親子</td><td rowspan="2">生活扶助義務（弱い扶養義務）</td><td rowspan="2">扶養義務者とその同居の家族がその者の社会的地位に相応しい生活を成り立たせた上でなお余裕があれば援助する義務</td></tr>
<tr><td colspan="2">兄弟姉妹</td></tr>
<tr><td>相対的扶養義務</td><td colspan="2">三親等内の親族</td><td colspan="3">家庭裁判所が「特別の事情」があると認めた場合（生活扶助義務）</td></tr>
</table>

らといって，必ず親に仕送りをしなければならないということはない。親子関係は千差万別であって感情的な対立があることも少なくないし，仕送りしようにも子の経済状態が良くないこともある。したがって，扶養をするかしないか，するとすればどの程度仕送りするかは，当事者で話し合って決めることが原則となる。

生活保護に優先する扶養義務の範囲は広いが，実際に扶養を期待できるのは生活保持義務関係にある場合が少なくない。そうであるのならば，日本も諸外国に倣って優先されるべき扶養義務の範囲を生活保持義務に限定すべきだ，という議論がある。

3）　扶養義務履行の手続き

生活保護を利用しようとする場合，保護の申請をしなければならない。

申請をする場合は原則的に申請書に記入する必要があるが，この申請書には扶養義務者の扶養の状況を記載する欄がある。この申請書を受けた保護の実施機関は，申請した人に保護が必要かどうか，必要な場合にはどの程度の保護を支給することにするかを決定しなければならないが，決定の際には扶養義務者に報告を求めることができる。扶養義務者について調査する事項には資産や収入があり，この調査にあたっては扶養義務者本人だけでなく，扶養義務者がお金を預けている銀行などの金融機関，扶養義務者を雇用している雇い主からも事情を聞くことができる。

このようにして扶養義務者がどの程度の扶養をすることができるかが調査され，それに基づいて保護を申請した人と扶養義務者との間でいくらの仕送りをすべきかを話し合って決められる。この話し合いの結果，定期的に仕送りがなされたならば，その分だけ生活保護費が減額される。しかし，約束通りに仕送りがされないこともあろう。その場合，保護の実施機関が扶養義務者に対して「仕送りをするように」との通知を出す。それでも仕送りをしないときには，いったん生活保護利用者に保護費を支払っておいて，扶養義務者から仕送り分を徴収することになっている。

このように，扶養義務者に対する調査が厳格であり，いったん決定した扶養義務についても厳格にその履行を求める。生活に行き詰まった人が生活保護を利用しようとしても，親族に知られたくない，迷惑を掛けたくないとして思いとどまることもあろう。そのような事情から，生活に困窮しても生活保護を利用することを屈辱的に感じ，利用が抑制されてしまう。そもそも仕送りをするかどうかは当事者の愛情関係に依存しているから，自発的に決めるべきであって，誰かに決めることを強制される性格のものではない。このような制度を維持すべきなのか，考え直す時期にあるのではないだろうか。

2．資産と所得，稼働能力の活用

（1）生活保護と自己の努力

生活保護制度は健康で文化的な最低限度の生活を保障する制度である。同時に，健康で文化的な最低限度の生活を送るためには，自分の力で自分の生活を成り立たせる努力をすることが第一であり，努力でどうにもならない部分については生活保護を利用して健康で文化的な最低限度の生活を維持することができるようになる。

それでは，自分の力でできる最大限の努力とはどのようなものであろうか。３つほど想定することができる。１つは，お金に換えることができるものをお金に換えて生活するということである。これは，生活保護を利用する場合に換価処分しなければならないものとは何か，裏側から言えば，生活保護を利用しつつ保有して良いものには何があるか，という問題である。２つ目が，生活保護を利用しているときに入ってきたお金はどうするか，という問題である。３つ目が，働ける人は働かなければ生活保護を利用することができないか，という問題である。

（2）資産の活用

生活保護を利用するためには，原則としてすべての資産を売却して生活費に充当しなければならない。ただ，文字通り身ぐるみ剥がされて無一文にならないと生活保護を利用することができないのであれば，餓死直前になるまで生活保護を利用することができなくなるし，生活保護を利用しても何も持っていないことになるから，自立の芽を摘んでしまう。そこで，生活保護を利用しても，保有してもよい資産というのを設けるのである。

生活保護の利用に関して売却しなくてもよいものの基本的な考え方

は，①その資産を持っていることで最低限度の生活を維持することができているもの，②処分するよりも保有しておいたほうが生活の維持や自立に実効的であるもの，③売却代金よりも売却に要する費用がかかるもの，そして④社会通念上処分することが適当でないもの，ということになっている。

しかしこの基準を具体的に当てはめることはかなり難しい。日常生活に必要な被服や生活用品は保有してもよいだろうが，携帯電話はどうだろうか，パソコンはどうだろうか。温暖な地域で冷房がなければ体調を崩すだろうが，寒冷地では必要だろうか。それとも温暖化によって冷房は全国各地どこでも必要不可欠だ，と考えるべきであろうか。このような判断基準を客観的に示すことは難しいし，誰もが納得する基準を示すこともできないだろう。そこで，④の判断においては，居住する地域における普及率がおおむね70％を超える場合には，その資産を保有することができるとしている。

「資産」に預貯金が含まれることは明白である。生活保護を利用し始める時には，原則として預貯金がゼロでなければならない。ただ，生活保護の申請をしてから生活保護の開始決定を受け，実際にお金を受け取るまで日数を要することがある。その間無一文であれば生きていくことができなくなってしまう。この日数は法律上，14日間を原則としている。そこで，保護開始申請時に手持ちのお金は生活保護費の半月分程度まで許されている。

預貯金の扱いを裏側から言えば，半月分くらいしか貯金してはならないということになる。しかし，生活保護を利用しながら将来の出費を見越して，受け取った保護費を節約して貯金することがある。その場合，将来何に使う予定なのか，ということが証明できれば，預貯金が許されることがある。

保有しておいてよいものかどうかでよく問題になるのは，自家用車である。自動車の一世帯当たり都道府県別普及率は，大都市部を除いたほとんどの道府県で70%を超えている。これからすると，地方都市では自動車の保有が認められても良さそうである。しかし，自家用車の保有は最低限度の生活を超えるとされており，保有が原則として認められていない。認められるのは，障害者が通勤に使用する場合，公共交通機関の利用が著しく困難な地域に居住する者が通勤に使用する場合などに限定されている。地方においては自家用車を手放すと生活が不便になるだけでなく，仕事探しに支障がある場合が少なくない。生活に困窮した場合に自動車か生活保護かの選択を迫られることがあり，これが原因で生活保護を利用することができても利用が抑制されることがある。

（3）収入の認定

生活保護を利用している時に得た金銭は，得た額だけ保護費が減ることになる。これを収入認定といい，保護費から減らされるべき収入は原則としてすべての収入を指している。つまり，働いて得た賃金，年金，仕送りなど，すべての金銭は収入認定の対象となってその分保護費が減らされる。このため,生活保護を利用している間に得た金銭については,それがどのような性格のものであろうともすべて届出をしなければならない。これからすれば，生活保護を利用しながらギャンブル等で儲けたお金はすべて届出をしなければならず，届け出たら儲けた分だけ保護費が減ることになる。結局のところ，生活保護を利用している人がギャンブルをしても経済的には何の意味もない。だから，生活保護を利用している人のパチンコを禁止しようという議論は意味がない。問題なのはむしろ，ギャンブルなどへの依存症である。

保護を利用している間に入ってきた金銭は，それがどこから得たものであれ収入認定の対象となる。しかしこれではせっかく得たお金がすべて意味をなさなくなるだけでなく，保護を利用している人にあげたお金も意味をなさなくなる。そこで，社会事業団体から臨時的・慈善的に支払われるお金や，出産，就職，結婚，葬祭等で贈与されたもの，世帯の自立更生に必要なお金，災害の義捐金などについては，収入認定から除外される。

（4）働くことができる・できない

生活保護制度は，努力を尽くしても健康で文化的な最低限度の生活を送ることができない場合に，その不足分を補う制度である。この努力には当然のこと，働くことが含まれている。そうすると，働いて金銭を稼ぐ能力（稼働能力）がある人は，生活保護を受けることができないように見える。それでは，実際に働いていない人は生活保護を利用することができないのであろうか。

心身上の理由で働くことができない場合，その人が生活保護を利用することについての異論はないであろう。それでは心身上の理由がないにもかかわらず働いていない人は生活保護を利用することができない，とすべきであろうか。

働いていないのには何らかの理由があるかもしれない。たとえば，一生懸命仕事を探しているけれどもなかなか見つからない場合にはどうだろう。おそらく稼働能力があって仕事をしていなくても，求職活動をしている場合には生活保護の利用を認めるべきだ，と考えるだろう。そこで実務上は，稼働能力があって働く意思がある場合，実際に仕事をする場がなければ生活保護を利用することができると整理している。

しかし，働く意思があるかどうかの線引きは非常に難しい。意思というのは内面の問題なので，外から判断することができないからである。

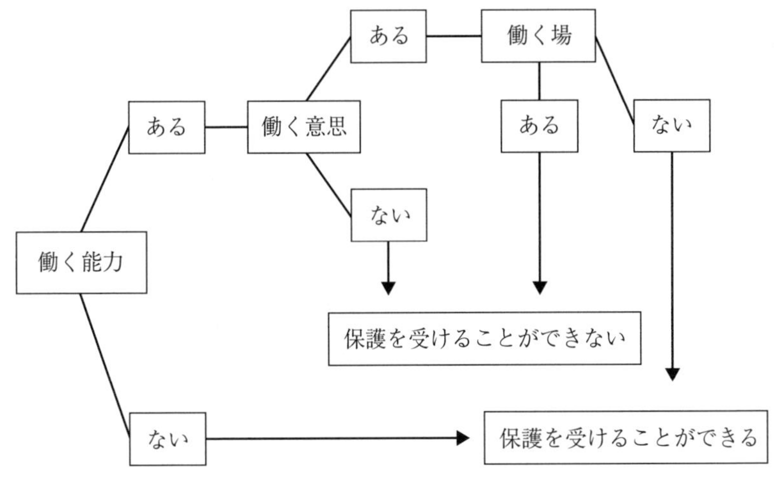

図３－２　稼働能力活用要件の判断方法（筆者作成）

それに，いくら働きたいという意欲があっても働く場があるかどうかは未知数である。就職は自分の気持ちだけでできるものではなく，採用する会社の都合もある。それに就職の面接を何十社も受けて全て断られた場合，自己否定的な感情が芽生えて，就職することの意欲を失ってしまうかもしれない。このような場合に働く意思がないとして生活保護を利用することができない，としてもよいだろうか。

これに加え，心身上の理由で働くことができないと判断された人も働きたいという意欲があるかもしれない。その場合に生活保護制度の利用により「働かなくてもよい」ということは，その人の自立に資するだろうか。結局のところ稼働能力を活用すべきという生活保護の要件は，能力が「あるか，ないか」の二分法で考えるのではなく，「どの程度の能力があり，その能力をどの程度活用したいという意思があって，それに見合った仕事が現実に存在するか」という厳しい判断を迫ることになるのである。

3．生活保護の給付

（1）８つの扶助

生活保護制度は，単に不足している生活費を充当するだけではない。健康で文化的な最低限度の生活を送るのに必要な，生活上のあらゆる場面を想定している。その給付は扶助と呼ばれており，次の８つの扶助がある。

私たちの暮らしで必要な費用は，この８つの扶助にすべて含まれているであろうか。行政も司法も，この８つは例示ではなくて列挙項目だと

表３－２　生活保護の扶助（筆者作成）

扶助の種類	範囲	方法（原則）
生活扶助	衣食その他日常生活の需要を満たすために必要なもの，移送	居宅で金銭を１月以内分前渡し
教育扶助	義務教育に伴って必要な教科書その他学用品，通学用品など	親権者，学校長に金銭給付
住宅扶助	家賃，補修	世帯主または家主に金銭給付
医療扶助	診察，薬剤，医学的処置など	現物給付
介護扶助	居宅介護，施設介護，福祉用具，住宅改修など	現物給付
出産扶助	分娩の介助，処置など	金銭給付
生業扶助	生業に必要な資金，技能の習得など	被保護者または授産施設の長に金銭給付
葬祭扶助	検案，死体の運搬，火葬など	葬祭を行う者に対して金銭給付

理解している。つまり，もしも私たちが健康で文化的な最低限度の生活を送るためにこの８つに含まれていない費用を必要だとしても，そのニーズは充足されない。突発的に必要になるニーズについては，それが認められた場合に一時扶助ということで支給の対象となることがある。

（２）生活保護の基準

生活保護の基準はどのようにして決まっているのであろうか。まず，生活保護を利用するかしないか，利用する場合にはどの程度の給付をすべきかは世帯を単位として決定される。これを世帯単位原則という。私たちの感覚からすると，世帯の生活費は①世帯構成員に何人いるか，②世帯構成員の年齢はどうか，③その世帯はどこに住んでいるのか，④その世帯に固有の生活問題があるか，ということで生活費は大きく変わってくるだろう。生活扶助に限らず，生活保護の基準はこれらの要素で決まることになる。

生活扶助の基準は，日本を６つの級地に区分し，一世帯当たりの共通経費と，世帯を構成する１人１人の個人経費を合算したものとなっている。日本国憲法が保障している健康で文化的な最低限度の生活があなたの世帯でいくらになるかは，インターネットで調べることができるので是非計算して欲しい。

（３）医療と介護

これら８つの扶助のうち解説が必要なのが医療扶助と介護扶助である。既に見たように，生活保護の費用のおよそ半分が医療扶助である。しかし日本は，地域住民すべてが医療保険制度に加入する国民皆保険制度が導入されているので，医療費がこんなに大きくなることには違和感を覚える。これには次のような理由がある。

国民皆保険制度というのは，日本に住んでいる人はすべて都道府県が運営する国民健康保険に加入することによって実現している。この中から健康保険などの被用者保険に加入している人とその扶養家族，そして75才以上の後期高齢者が除かれることになっている。ただ，国民健康保険からは生活保護を利用している世帯に属する者も除かれることになっているので，この場合には医療保険に加入しない。生活保護を利用している世帯に属する者が国民健康保険の適用を除外されるのは，もしも国民健康保険に加入したならば保険料（税）を負担しなければならない上，医療機関で受診したときに一部負担金を支払わなければならず，負担をきらって受診をしなくなることを防止するためである。そのため生活保護を利用している人は，医療機関に保険証でなく，生活保護を利用して医療を受けようとする証明書である医療券を提示することで，自己負担なく医療を受けられる。このとき医療機関に対して生活保護から医療扶助が支払われる，という仕組みになっている。

ただ，生活保護を利用している人に医療の必要が生じた場合すぐに受診することができない。まずは保護の実施機関（福祉事務所）で医療券を発行してもらう。それで医療機関では保険証でないものを提示する精神的なひっかかりが生じるかもしれない。そもそも国民健康保険を使用することができる保険医療機関がすべて医療扶助で利用することができるとは限らない。さらに，利用できる場合には必ずジェネリック医薬品を使用しなければならない。このように，生活保護を利用する人の医療は，アクセスを阻害されているところがある。

介護保険はこれと事情が異なる。生活保護を利用している65歳以上の人は必ず介護保険に加入しなければならない。その場合の保険料は生活扶助の加算から出ることになっている。そして介護保険によるサービスを利用した場合の一部負担金は，生活保護の介護扶助から支払われる。

つまり，完全に介護保険を使うことになるのである。ただ，40 歳以上 65 歳未満で会社に勤めていない場合には，国民健康保険に加入していないので介護保険に加入することができず，加齢に伴う介護が必要となった場合にはすべて生活保護の介護扶助から支給されることになっている。

4．生活保護制度利用の手続き

（1）申請保護原則と決定

たとえ生活に困窮していたとしても生活保護を利用するかしないかは，その人の自由である。だから，生活保護を利用するには，申請が必要である。生活保護を利用しようとする者，その扶養義務者か同居の親族は,所定の事項を記載した申請書を保護の実施機関に提出する。ただ,特別の事情がある場合には申請書を提出しなくても申請したことになる。保護の実施機関が申請書を手渡さないことは違法であるし，「受け取らない」という対応をとることも違法である。

申請書を受け取った保護の実施機関は，申請から 14 日以内に生活保護が必要か否か，必要であればどの程度の保護をするかを決定しなければならない。この間，保護の実施機関は，申請した人やその扶養義務者の状況を調査しなければならない。扶養義務者への調査などで時間がかかる場合には，理由を示した上で 30 日以内まで延ばすことができる。つまり，遅くとも 30 日以内には必要か否かが決定され，必要であるとされたならば,申請した日にさかのぼって保護費が支給されることになる。

もっとも，手持ちの現金がないとか，生活保護の開始決定がなされるまで待っていると生命に危険が及ぶということもあろう。その場合は,申請書を提出せずとも，生活保護の開始決定に必要な調査をせずに，暫定的に生活保護を適用することがある。これを急迫保護という。調査よりも生命身体の安全を優先させるからであり，生活保護が開始された後にあらためて必要な調査を行う。その結果，もしかしたら生活保護が必要なかったと判断されるかもしれない。その場合には，生活保護として給付されたお金の返還を求めることがある。つまり，急迫した状況にあるときはとりあえず生活保護を適用して，後からその調整をするということなのである。

(2) ケースワーク

生活保護の利用が始まったならば，その人に対して担当のケースワーカーが配属される。ケースワーカーは，生活の維持，向上に必要な指示や指導をすることができる。この指導・指示は，必要の最小限度にしなければならず，保護を利用する人の意に反して強制することはできないのであるが，保護を利用する人は必ず従わなければならない。しかもケースワーカーは生活保護の実施にあたって絶大な権力を持っていることから，生活保護を利用する人との間で信頼関係を構築して自立に向けたケースワークを進めていくことが非常に重要になる。

もちろんケースワークは，権力的な作用だけで行われるわけではない。生活保護を利用する人やこれから利用しようとする人が，自分にとって必要だと思う支援を求めることがあるだろう。生活保護を利用している人や利用しようとしている人は，ケースワーカーに対して生活上の相談をして，これに対して必要な助言をすることがある。たとえば，仕事を始めたいけれどもどうしたらいいのかわからない場合や，学習意欲を失いつつある子どもの学習を支援すること，家計管理をすることが難しい人がどうしたら家計管理をすることができるのか相談するような場合である。このような場合，ケースワーカーは生活保護の実施とは別に，必要に応じて自立を手助けすることができる。もっともケースワーカーだけの力では実現できないので，支援内容に応じて関係する人からの支援につなげることも重要な役割である。

（3）保護の廃止

生活保護を利用しなくなることを廃止という。廃止することができるのは，①収入が保護基準を上回ったので必要としなくなったとき，②ケースワーカーが文書で指導・指示した内容に従わなかったとき，③生活保護の施設に入居しているときに，その施設の管理規定に違反したとき，④生活保護を利用している人が死亡・失踪したときである。それから⑤生活保護を利用している人が辞退したときも廃止される。これ以外の理由で生活保護を廃止されることはない。

収入が増えたことや，保護を利用していた人が亡くなったときに廃止されるのはやむを得ないであろう。しかし，指導・指示や管理規定に従わなかったときは，健康で文化的な最低限度の生活を送ることができないにもかかわらず生活保護を廃止することになるので，かなり慎重な運用が必要になる。

生活保護を利用していた人が辞退届を出して廃止になるのは，生活保護を利用するために申請が必要であるのと同じ理由である。つまり，自分の力で健康で文化的な最低限度の生活を送ることができないとしても，生活保護を利用するかどうかは本人の選択に任されているからである。しかし，辞退届によって保護を廃止する場合，なぜ辞退届を出しているのか，出さなければならないのか，辞退した後にどうやって生活をするのか，などの真意を問う必要がある。もしかしたら何かを誤解して辞退届を出しているのかもしれないので，ケースワーカーだけでなく関係者はその事情をしっかり把握しなければならないであろう。

学習課題

1．外国人と生活保護の関係について整理しましょう。
2．扶養義務と生活保護の関係について説明しましょう。
3．生活保護制度における資産・所得と稼働能力の活用について説明しましょう。
4．生活保護制度を利用する手続きについて説明しましょう。

参考文献

柏木ハルコ『健康で文化的な最低限度の生活（1～8巻）』（小学館，2014-2019年）
岩永理恵・卯月由佳・木下武徳『生活保護と貧困対策』（有斐閣，2018年）

4　妊娠・出産と仕事

《目標＆ポイント》 子どもを産みたいと望む人に，社会はどのような支援をしているのか。また，妊娠出産した人はどのように仕事と関わっていくのか。どのようにすれば安心して健やかな出産をすることができるだろうか。仕事の側面からこれらを考えてみる。
《キーワード》 不妊治療，母子手帳，勤務上の措置，産前産後休業の所得保障，出産費用

1．母と胎児の健康

（1）不妊治療の費用

子どもを産み育てるかどうかは個人の自由である。国家や他人から強制されることではない。そして妊娠出産は自然現象なのだから，誰もが避けたいと願うリスクとは性格が異なる。

しかし，子どもが欲しいと思っていてもなかなか恵まれない人は少なくない。実際に不妊治療を受けたことがある夫婦は全体で2割程度，子どもがいない夫婦では約3割程度が不妊治療を受けている。そして日本の出生児のうち約20人に1人は不妊治療による。

不妊治療をして子どもを授かろうと思っても，それには費用がかかる。その費用は誰が出すべきであろうか。不妊治療には，健康保険法などによる保険給付の対象とはなっていないものがある。病気ではないからというのがその理由である。その結果，不妊治療の費用は非常に高額であるにもかかわらず，子を持ちたいと願う人の持ち出しになってしまう。

しかし子どもを持つことを望む人にとってその費用は必要不可欠なものであると同時に，社会全体で出産を望む人を支援することは望ましいことであるともいえる。

国家規模では一部の不妊治療を保険給付の対象とはしていないが，治療費の一部を国が各都道府県に助成して不妊治療を支援している。その内容は都道府県により異なるが，法律婚の夫婦であって特定不妊治療以外の治療法では妊娠の見込みが少ないと医師が判断した場合，支給の対象となることなどは共通している。これを受けるためには，夫婦の合算所得（税金や経費などを差し引いた金額）が 730 万円未満でなければならないという所得制限がある。

不妊治療開始日にあって妻の年齢が 43 歳未満でなければならない。対象となる治療であっても人工授精を行っていない場合には助成対象とはならず，夫婦以外の第三者からの精子の提供による不妊治療も対象とはならない。

助成内容は治療 1 回につき初回のみ上限額 30 万円であり，39 歳以下では通算 6 回まで，40 歳以上 43 歳未満までは通算 3 回までである。男性不妊治療は 1 回につき上限額 15 万円とされている。

不妊治療に関する施策には都道府県や市町村の独自事業もあるが，居住地域によって助成対象や内容などが異なっている。実施主体は地方自治体であって，その費用も自治体が負担するが，国はそのうち半額を補助している。

（2）不妊治療と仕事

不妊治療をしながら仕事を続けることについて，法律ではまだ何も手当をしていない。厚生労働省の調査では，仕事と不妊治療の両立ができずに離職する人が 16％いるという。これは子どもを持ちたいと願う人にとっても，企業にとっても，貴重な人材を失うということとなり大変な損失である。

不妊治療をしながら仕事をしている人の困りごととしては，「通院回数が多い」というものが最も多く，その次に「精神的負担」が挙げられている。そこで不妊治療を行う本人だけでなく夫婦を対象にした休暇制度を設けたり，勤務場所や勤務時間などを柔軟にすることが必要になる。しかし不妊治療を行っている労働者が受けることができる支援制度を独自で設けている企業は全体の１割に過ぎない。これからは，不妊治療助成に関する将来の法制化を視野に入れて，これら支援措置を行う企業に対して国が助成金を出して制度の拡充と定着を目指すことが必要になろう。

（3）妊婦健診とその費用

妊娠は女性の心身に大きな影響を及ぼす。妊婦の身体や精神にとっても，お腹の赤ちゃんにとっても，健やかに過ごすことは非常に大切である。

妊娠期の健康診査が重要なことは論を待たない。無事に出産をするためには母子と医療従事者にとって健康診査は必要不可欠である。それでは妊娠中の健康診査は誰がどのように費用を負担すべきか。

１つの考え方としては，医療にまつわる事象なのであるから，医療機関で健康保険証を提示して保険診療を受けるということが考えられる。しかし，健康保険はそもそも被保険者間のリスク分散の仕組みである。それでは妊娠と妊娠に伴う健康診査は「リスク」なのであろうか。リスクとは自らが望まないにもかかわらず生じた結果のことをいう。そう考えると，妊娠とその健康診査をリスクというのはためらわれるであろう。その結果，健康保険で妊娠に伴う健康診査の費用を支出することはできないことになる。

妊婦健診は健康保険の給付対象ではないから，国がその費用の水準を決めることができない。仮に費用を決めてしまえば，営業の自由を侵害することになってしまうからである。それでも必要な費用であるから，心配の度合いに乗じて過剰な健診が行われる結果，価格が高騰してしまうかもしれない。そうすると，負担額が高くなって，所得の多寡によって妊婦健診を受けることをためらうことになりかねない。これでは低所得者にとっては母子の健康が脅かされ，医療リスクを抱えたまま出産をすることになってしまう。これは母子だけでなく，医療従事者も避けたいことである。

この費用負担に耐えることができず，妊婦健診を受けずに，あるいは数回しか受けずに出産に至る未受診分娩が問題化した。そこで，妊婦健診の費用を助成して経済的な不安を解消することになった。これによって妊婦や赤ちゃんの健康状態を定期的に確認し，心身ともに健やかで安心して出産に臨めるよう，医師や助産師のアドバイスを受けることができるかもしれない。

妊婦健診の受診回数は合計 14 回程度である。その内訳は，地方負担が９回で国庫による助成が５回となっている。助成内容は自治体の財政事情などによって異なっている。しかも，健診費用のすべてを無料化する制度とはなっていない。

妊娠中に体調を崩して入院治療が必要となった場合にはどうだろうか。たとえば，妊娠高血圧症候群，糖尿病，貧血，産科出血などの入院治療が必要となる場合である。この場合には医療が必要となるので，健康保険証を使った医療保険給付の対象となる。健康保険制度は医療機関での自己負担が必要となる。この自己負担額を助成する自治体がある。ただ，すべての自治体でこの助成事業を行っているわけではない。

（4）妊娠と成長の記録

妊娠出産は，すべての関係者にとって不安な出来事である。赤ちゃんの健康のためには，どのような時期にどのような健診を受けたか，どのような治療が必要かを知っておくことが望ましい。そこで，法律では妊娠の事実を届け出ることを義務付け，届出に基づいて母子健康手帳を交付することにしている。

母子健康手帳は，妊娠期から乳幼児期までの健康に関する情報を１つの手帳で管理する。これには妊婦健康診断や乳幼児健康診査（１歳半健診と３歳児健診），それから保健師による保健指導などの母子保健サービスをはじめ，予防接種の接種状況などが記録される。2,500グラム未満の未熟児が出生したときにはその旨を届け出なければならず，未熟児の保護者に訪問指導する。赤ちゃんだけでなく母親に対してもさまざまな専門家が成長発達の度合いに応じて接触することになるが，それを一元的に管理することでさまざまなリスクを減らして健康に資する。

もっとも，人の健康に関する情報の記録は，妊娠期から乳幼児期までに限られない。私たちの中で自分がどのような予防接種を受けたかを正確に知っている人は少ない。そもそも１歳半健診や３歳児健診の結果は医療機関が保管しているだけで，市町村などに情報が集約されるシステムではないので本人や親が確かめることも難しい。もし市町村が管理していたとしても転居してしまえば情報が引き継がれることはない。そして１つの薬品が自分に将来どのような影響をもたらすかはわからないのに，どのような薬品を服用したかは個人が記録するほかないのが実情である。

これに加え，私たちは成長に伴ってさまざまな医薬品を服用しているが，それを正確に記憶していることはないであろう。そうすると，発達成長の過程で忌避すべき薬の飲み合わせなどが生じてしまうかもしれない。やはり，健康に関する情報を集約しておくことは重要である。そこで，自分が胎内にいる間から現在までの健康情報を一元的に管理しようという仕組みが構想されている。これをデータヘルス計画と呼んでいる。データヘルス計画とは健診・レセプトデータの分析に基づいて保健事業をPDCAサイクルで効果的・効率的に実施するための事業計画であって，それぞれの人の健康状態にあった効果的な保健事業を行うものである。これに乳幼児健診で得られたデータを加えることで，一生涯の保健指導に必要な情報を管理するものである。

（5）妊娠中の心のケア

妊娠中はさまざまなことが不安になる。赤ちゃんが健やかに育つだろうかとか，疾病や障害についての悩みを抱えることもあろう。妊婦の体調もいつもの通りというわけにはいかないし，仕事や収入のことも心配の種である。これらの不安や悩みは，家族や知人，職場などの人間関係に影響を与えるかもしれない。妊婦健診や母子手帳などがあっても，またたとえ経済的な問題がなくなったとしても，妊娠中は心のケアを必要とする場合が多々ある。

母子手帳を取得すると，同時に妊婦に対するさまざまな支援，たとえば保健師等との相談サービス，母親・父親学級の紹介などの情報提供がなされる。健康診査の結果によっては，助産師や保健師が家庭を訪問して保健指導や生活指導が行われる。そして，妊娠中や子育て中の総合的な相談支援を実施する窓口として，子育て世代包括支援センターが市町村に設置されている。ここでは妊娠期から子育て期にわたる支援を切れ目なく受けることができるよう，保健師，助産師，ソーシャルワーカーなどが各種の機関と連携して相談支援を行う。状況によっては妊産婦の必要に応じた支援プランを作成して，関係機関と連携して時宜に応じた支援が行われる。

特に出産後は，子育てをする親が孤立しがちであるので不安を解消する必要がある。保健師や助産師，看護師，保育士等の訪問員がすべての乳児がいる家庭を訪問し，子育てに関する不安や悩みを聞き，必要な情報提供を行って支援が必要な家庭に適切なサービスを提供する乳児家庭全戸訪問事業（こんにちは赤ちゃん事業）を行っている。この対象になっているのは生後４か月までのすべての乳児がいる家庭である。

2．妊娠・出産と仕事

（1）被用者の出産と仕事

1）　解雇制限と不利益取扱いの禁止

妊娠している女性が仕事を続けるには何が必要であろうか。まず最低限，仕事を失わないことが大事であろう。使用者にとって，妊娠出産によって一時的とはいえ労働力を提供することが難しい女性を解雇することができるであろうか。近代法の考え方に，契約自由の原則というのがある。この契約というものは，誰かがそれを結ぶことを強制することはできないし，また当事者の一方からそれを解約することを伝えることもまた，自由である。そうすると，使用者は妊娠している女性を自由に解雇することができる，ということになりそうである。それでは妊娠することをためらってしまうし，安心して働き続けることが難しくなる。

そこで，労働基準法では産前・産後の休業期間とその後の30日間，使用者は妊娠していることを理由として解雇してはならないと定めている。解雇に至らないとしても，使用者から不利益な取扱いを受けることで仕事を続けることが難しくなることがあるかもしれない。そこで，妊娠出産や，健康診査や勤務時間変更などを行ったことを理由として，降格や就業環境を悪化させるような不利益を行ってはならないとされている。

2） 妊娠中の勤務上の措置

いくら法律で妊娠中の健康診査が制度として保障されているとしても，仕事が忙しくてそれを受けられないならば絵に描いた餅になってしまう。そこで使用者は，妊娠している女性に対して，妊娠中と出産後の健康診査等を受けるために必要な時間を勤務時間中に設けなければならないということを法律で義務付けている。これには受診している時間だけでなく，その往復時間も含まれている。この対象となっているのは妊娠中と産後1年以内の女性である。

仕事と母子の健康を両立させるためには,仕事上も配慮が欠かせない。使用者は，妊娠中の女性に対して時差通勤や勤務時間短縮などの通勤負担の緩和，休憩時間や回数を配慮する措置，作業の制限などの措置を行わなければならない。必要となる配慮内容は体調や仕事内容によってさまざまであろうから，母子健康手帳についている母性健康管理指導事項連絡カードに記入して使用者に伝えることになる。

3） 産前産後休業

仕事を続けるとはいっても，出産直前まで女性が働き続けることは現実的ではない。そこで出産予定日の6週間前（多胎妊娠の場合には14週間），女性が産前休業を取得することを申請したならば，使用者は妊娠している女性を働かせてはならない。これは産後も同様であって，出産後8週間を経過しない女性を働かせてはならない。ただ，産後6週間を経過した女性が請求した場合には，その女性を働かせることができる。つまり，法律では産前産後を通じて3か月程度，使用者は女性を働かせてはならない。これらの産前産後休業の制度について使用者が違反した場合には，罰則が科せられる。

4）休業中の所得保障

産前産後休業の制度は，実際には働いていない女性を雇い続けなければならないことを意味する。しかし，法律では産前産後休業中の女性に対して，使用者が賃金を支払うことを義務付けてはいない。もしも賃金支払義務を負わせるのならば，実際には仕事をしていない女性に賃金を支払わなければならなくなる。社員の男女比を一定割合に義務付ける法律は存在しないから，妊娠出産をすることがない男性ばかりを採用してしまう結果になることが危惧される。もっとも，会社によっては就業規則や労働協約で産前産後休業中の賃金を支払う場合があるが，それほど一般的ではない。この結果，産前産後休業中の女性は無収入になってしまう。

しかし，妊娠出産によって仕事を休むことで収入が途絶えるのは大変なことである。生活のために無理して働くことで母子の健康が悪化することは望ましくない。そこで，産前産後休業を取得した女性が加入している健康保険から出産手当金が支給される。出産手当金は産前産後休業を取得している間，およその給料の３分の２にあたる金額が支給されることになっている。

5）育児時間

産後に働いている場合，満１歳に達しない赤ちゃんの世話をするために休憩時間のほかに１日２回，各 30 分の育児時間を請求することができる。この制度はもともと授乳のための時間を確保するために設けられたので，利用することができるのは女性に限られている。授乳に十分な時間をとることができるように，この 30 分には赤ちゃんまでの往復時間が含まれておらず 30 分間は赤ちゃんに接することができる。これは労働時間の途中でなく勤務の最初と最後に取得することもできるし，１回まとめて 60 分取得することもできるので，保育所の送迎などにも利用できる。

ただ，育児時間中を有給とするか無給とするかについて法律では決めていない。有給か無給かは会社の就業規則や労働協約の定めで決まる。無給の場合には使用者にコストがかからないし，制度利用目的は授乳に限らないので，男性もこの対象とするべきという議論がある。

6）　勤務時間の変更と勤務の軽減

産前産後の女性が受けた健康診査の結果，何か心配なことがあったとしよう。そのときには女性労働者が自分の健康のために気を遣って生活をする必要があるので，仕事上の配慮を要する場合がある。そこで，女性労働者が医師から指導を受けたとき，事業主はこの指導事項を守るために必要な措置を講じなければならない。

この措置には，妊娠中の通勤ラッシュを避けて通勤負担を軽減するために時差通勤や勤務時間を短縮することや，健康を守るための作業の制限などが含まれている。そしてこれらの措置を講じたことを理由として，女性労働者に不利益な取扱い（解雇，降格，配置転換など）を行うことは違法となる。

（2）自営業者・雇用類似の妊娠出産と仕事

1）　自営業者・雇用類似の人の休業

ここまで見てきた妊娠出産に関する仕事上の配慮は，雇用関係にある人を念頭に置いている。雇用関係にある人は労働基準法の保護を受けることができるからである。労働基準法の適用があるか否かは，「使用する」事業主がいて，その人に「使用される」労働者にあたるどうかによって決まる。これに対して事業を営む自営業者は，誰かに「使用され」ているわけではないので，労働基準法の適用を受けることができない。

労働基準法の適用を受けないということは，産前産後休業が保障されているわけではないということである。もっとも労働基準法の適用を受けない自営業者は自分で休みを決めることができるかもしれない。しかし，取引先との関係でやすやすと仕事を休むことができないかもしれないし，そもそも休んだら収入が途絶えてしまう。

これに加え，妊娠中や産後の健康診査を受ける時間が保障されているわけでもなければ，産後の育児時間があるわけでもない。もっとも被用者の場合にこれらが保障されているのは，本来ならば出産や育児を理由に仕事をしないのは契約違反であるが，法律でこれを緩和しているのである。これらは自営業者であるから自分の都合でどうにでも調整できるだろう，ということに由来している。これからすれば，自営業者に出産や育児をする時間が保障されていないのは当然の帰結であるのかもしれない。しかしそれでいいのだろうか。

2）　休業中の所得保障

出産した人が労働者である場合に，健康保険の出産手当金制度を利用することができるというのはすでに見たところである。ただ，この制度を利用することができるのは健康保険の被保険者と共済組合の組合員だけである。定期的な賃金を得ている人が産前産後に得られなくなった賃金の代わりとして受け取る制度であるというのがその理由である。したがって，専業主婦や自営業者は賃金を得ていないのでこの制度を利用することはできない（法律では出産手当金を給付するかどうかは国民健康保険が自主的に決めることができるが，ほとんど実施例がない）。

これに関連して，現実には会社などで働いているにもかかわらず，労働時間が短いなどの理由で健康保険に加入していないことも多く，そのような場合には妊娠出産で仕事を休んでいても出産手当金が得られない問題が指摘されている。

また，最近ではある会社からの注文を専属的に受けて仕事をする専属的独立自営業者が増えてきている。たとえば，特定の会社からの発注を受けてwebデザインをしたり，工場内で一部の製品を製造する専属的な請負業，特定の会社に指示された商品や食品を配送する事業などがこれにあたる。このように，特定の企業との結びつきが強く，支配従属の関係にあるのに雇用されているわけではない場合は健康保険に加入できない。そのような人が妊娠出産によって仕事を休んだとしても，会社からの収入保障はなく，出産手当金も受けられない。

３） 休業中の社会保険料

産前産後休業中に出産手当金を受けることができるとしても，社会保険に加入している限りは保険料を納付しなければならないのだろうか。かつては産前産後期間中も社会保険料（厚生年金保険・健康保険）を納付しなければならなかったが，出産する人だけでなく保険料の半分を負担する事業主にとってもコストとなっていた。そこで現在では，厚生年金と健康保険の保険料は被保険者本人分だけでなく事業主負担分も免除されることになっている。

高齢者の老齢厚生年金額は，実際に納付した保険料額に比例する。出産によって免除されていた期間は保険料を実際に納付していないのであるから，そのままでは年金額が少なくなってしまう。そして産前産後休業が終了して職場に復帰したとしても仕事を控えているので報酬が少なくなることがある。そこで，保険料の免除を受けていた期間と産前産後休業を終了した時点の保険料を算定する基準となる報酬は，産前産後休業取得前に得ていた報酬と同じとみなして算定する。このように，産前産後休業を取得しても年金制度において不利益にならないようにしている。また，雇用保険についても同様に給与が支払われていなければ保険料を納付する必要がない。

ただ，この制度も被用者を対象とするものであって，産前産後であっても自営業者は国民年金と国民健康保険を納付しなければならなかった。この点，次世代育成支援の観点から自営業者などの国民年金の第1号被保険者が出産した場合には，産前1か月・産後4か月（多胎妊娠は3か月前から産後6か月まで）の保険料が免除されることになった。しかし，国民健康保険には産前産後に特化した保険料（税）免除の仕組みはない。

3. 出産に関わる費用

(1) 出産の費用

正常分娩は医療行為であるが，病気やけがではない。それゆえに，出産したとしてもその費用は健康保険や国民健康保険から給付されるわけではない。しかしそれでは子どもを産むのに多額の費用を負担しなければならない。そこで，出産育児一時金という制度によって出産した人に対して出産費用の一部が現金で支払われる。なお，この場合の出産というのは妊娠85日目（4か月）以降の出産をいい，死産，流産，人工妊娠中絶でも対象となる。

出産育児一時金の額は一児あたり40万4千円であって，出生児が複数の場合にはその倍数が支給される。もっとも，通常の妊娠出産にもかかわらず分娩に関連して出生児が重度の脳性麻痺となることがある。このため，産科医療補償制度に加入する医療機関では，医療機関に過失があろうとなかろうと3,000万円の補償金が支払われる。この掛金は医療機関が負担するが，それは出産費用に上乗せされるかもしれない。そこで，産科医療補償制度に加入している医療機関で出産する場合には，出産育児一時金に保険料分が増額されて一児につき42万円となっている。

出産した人は，産科で出産費用を支払わなければならない。出産育児一時金は受取人が出産した人なので，出産費用を支払った後で受け取ることになる。しかしそれでは一時的とはいえまとまった現金を準備しなければならないし,産科も出産費用を受け取れないという問題があった。そこで現在では医療保険者（健康保険や国民健康保険）から産科に直接出産育児一時金を支払い，実際にかかった出産費用との差額をのちに調整する仕組みになっている。

なお，医療機関によっては以前のようにいったん出産費用を出産した人が全額支払ったあと，しばらくして医療保険者が出産した人に出産育児一時金を支払うことがある。この場合には一時的とはいえまとまったお金が必要になるので無利子で一時的に費用の貸付けを受けることができる。

このような出産の費用は労働者であろうと自営業者であろうと被扶養者であろうと，誰でも必要なものである。そこで，出産した人が何の医療保険に加入していようとも，同じ内容の出産育児一時金を利用することができる（もっとも，健康保険の被扶養者の場合には「家族出産育児一時金」という名称になるが，内容は同一である)。

なお，正常分娩でない帝王切開の場合には医療行為が必要であるということになって，健康保険や国民健康保険から療養の給付が行われる。つまり帝王切開の費用の７割が保険給付されるほか，出産したので出産育児一時金も支給されるということになる。

(2) 低所得者の出産

出産の費用に関する出産育児一時金について，被用者と自営業者では同じ内容が保障されていることはすでに見たとおりである。しかし，仕事をしていない，していても収入が少ない場合はどうであろうか。

生活に困窮して生活保護を受けている場合には国民健康保険に加入することができないので，出産育児一時金を受けることができない。もっとも，生活保護を受けていても健康保険制度に加入していれば出産育児一時金を受けることができるが，生活保護を受けながら健康保険に加入する人はあまり多くない。

そこで，医療保険制度に加入せずに生活保護を受けている場合には，生活保護制度の出産扶助を利用することができる。出産扶助は困窮のため最低限度の生活を維持することができない者に対して分娩費用などを支給するものであり，その基準は出産育児一時金よりも低くなっている。

（3）入院助産制度

生活保護制度による出産扶助はそれほど広く普及していない。生活保護には他法優先原則があり，児童福祉法による入院助産制度を利用できる場合にはそちらが優先されるからである。

入院助産制度とは，妊産婦が経済的理由により入院助産を受けることができないときに，その妊産婦が都道府県や市町村に申し込みをしたならば利用することができる制度である。その内容は入院，措置，分娩介助等を含むもので，その費用は全額公費で負担され，無料で利用することができる。

（4）出産に関連する費用

出産にかかる費用は医療機関に支払うものにとどまらない。たとえば里帰り出産の費用や妊産婦の服や衛生用品，新生児に必要な物資などいろいろな出費がある。

これら出産に関連する費用は誰が負担すべきであろうか。もちろんこれらの費用は必要不可欠であるから社会的に支援すべきという考え方も成立する。しかし，出産をするかどうかは自分の選択によるものであるし，どこでどのような出産をするか，どのような物品が必要であるかは個人の状況によって相当異なる。そうすると，このような費用を社会的に負担するのは難しく，出産した人とその家族が支払うべきということになろう。

しかし，出産に関連する費用は程度の差はあれ不可避の出費である。これが賄えずに母子の健康を害するようなことがあってはならない。そこで低所得者には社会福祉協議会が実施している生活福祉資金に出産費用の貸付制度が設けられている。その内容は特段の使途が限定されているわけではなく，貸付けの条件などは自治体によって異なっている。

学習課題

1．妊娠した女性が自営業者である場合と被用者である場合で，利用できる支援にどのような違いがあるかまとめましょう。
2．労働法制と社会保障法制において不妊治療がどのように位置づけられているのかを説明してみましょう。
3．健康保険や国民健康保険から支給される出産費用が定額である理由を説明してみましょう。

参考文献

厚生労働省パンフレット「仕事と不妊治療の両立支援のために」

5　子育て・子育ちと社会保障

《目標＆ポイント》 子どもが成長することは，親にとってもその子にとっても，喜ばしいことである。元来，子育ては極めて個人的な問題ととらえられてきたので，社会的な支援はさほど手厚くなかった。しかし，子どもが健やかに成長して次の世代を担っていくことは，社会にとって非常に重要なことである。ここではさまざまな境遇にある子どもの成長をいかに支援するかを検討する。
《キーワード》 子育ての孤立防止，育児休業，勤務時間短縮措置，児童手当，子ども・子育て支援制度，保育所，幼稚園，認定こども園，放課後児童健全育成事業

1．育児の支援

（1）育児に必要なもの

産後休業を取得しても，すぐに仕事に復帰できる人はそれほど多くないであろう。特に女性は心身ともに安定しない状態が続くだけなく，周囲の支えがあったとしても育児で孤立してしまうこともある。私用を済ませようにも赤ちゃんの世話でそれが難しいことがあるかもしれない。

このような状態で何が必要になるだろうか。女性だけでなく男性もともに育児するという意識は当然であるが，周囲の理解や助けがあると過ごしやすくなるかもしれない。それでも育児の不安を解消するための精神的なケアが必要になる。そして育児そのものを一時的に誰かに委ねることも必要になる。そして経済的な支援も不可欠である。

これらのケアは親や家族が私的に準備すべきであろうか。それとも会社が負担すべきであろうか。あるいは近所の人や友人知人に支援を求めるべきであろうか。そうではなくて，社会の助け合いの仕組みが適しているであろうか。ここからは社会保障制度として準備されている精神的なケア，子育て支援，経済的な支援を見てみる。

（2）精神的なケア

子育てで孤立しないためには，家族親族や友人知人といった私的関係の助けがあるとよいかもしない。しかしそれを利用できない場合もある。その場合に，地域に利用できる子育て支援の事業があったとしても，どのような事業があってどのように利用することができるのか，ただでさえ大変な生活の中で情報の取捨選択をすることはかなり難しい。そこで利用者支援専門員が子育て家庭や妊娠している人などに対して地域の子育て支援サービスについて情報提供をして，必要に応じて相談・助言を行うだけでなく，関連機関との連絡調整を行う利用者支援事業が行われている。

利用できる子育ての機関があるとしても，日々子育ての悩みは尽きないものであるし，負担感も増していくかもしれない。市町村は，このような不安や悩みを相談する場所として，地域子育て支援拠点事業を展開している。実際にこの事業を担っているのは公共施設や保育所，NPOなどである。そこでは，地域の子育てに関する情報を提供するだけでなく，子育ての相談・援助，子育てに関する講習なども行われる。

さまざまな支援の仕組みがあったとしても，それを利用しようと思わない限り支援は届かない。子どもの健全な成長発達のためには多少のお節介でも誰かが積極的に介入しなければならないことがあるだろう。育児ストレス，産後うつ病，育児ノイローゼ等の問題によって子育ての不安や孤立感等を抱える家庭や，さまざまな原因で養育支援が必要となっている家庭は,問題を認識して積極的に自ら支援を求めないことがある。そのような場合には，保健師や保育士などが家庭を訪問して育児や家事の援助，子育てに関する相談を受けて個々の家庭が抱えている問題の解決を図る養育支援訪問事業がある。この対象者として想定されているのは若年の妊産婦，育児ストレスなどで強い不安感を抱えていると思われる家庭，虐待のおそれがある家庭，児童養護施設等などで子どもが復帰したあとの家庭などである。

(3) 一時的な養育

子育てをしている人が残業で保育所に迎えに行くことが難しい場合など，一時的に誰かに子どもを預かってもらいたいことがある。そのような場合には，地域の中で援助ができる人に依頼して一時的に保育してもらう，ファミリー・サポート・センター事業がある。子育ての援助を受けたい依頼会員と子育ての援助をしたい提供会員が市町村に会員登録をすることで利用できる。両方の会員になることもできるので，お互い様の関係が成立する会員組織である。

もう少し長時間にわたるときは保育所などが対応する。保護者に冠婚葬祭や通院などの事情が生じたり，育児の負担があることで育児負担を軽減したい場合に，保育所などで一時的に子どもを預かってもらうのが一時預かり事業である。

数日単位で子育てができない場合はどうだろうか。保護者が入院，出産などで養育が一時的に困難になった場合に児童養護施設で児童を一時的に預かる事業として，子育て短期支援事業がある。

子どもが病気をしたときでも仕事をしなければならない場合がある。その場合には病院や保育所などで病気の子どもを一時的に保育したり，子どもへの緊急対応をとる病児・病後児保育事業がある。また，育児介護休業法では小学校に入る前の子が病気やけがをした場合，予防接種・健康診断を受けさせるために子の看護休暇を取得することができる（1年に5日以内）。子の看護休暇は法律で定められた権利なので対象労働者は必ず取得することができ，事業主はこれを取得したことを理由として不利益な取扱いを行ってはならない。

子の看護休暇を除き，これらの事業はいずれも市町村が実施主体として行うものである。市町村には利用できる社会資源に差があり，その地域の特性に応じた支援体制がある。それゆえに，これらの事業は市町村によって内容や費用負担などに差がある。

2．育児のために仕事を休む

（1）育児休業制度

働く人が産後職場に復帰するためには，自身の健康状態が安定していることと子育てをしてもらう環境を整えることが必要である。労働基準法が保障している産後8週間のうちにこれらが整わなければ退職せざるを得ないのであろうか。

1960年代，女性労働者の増大とともに育児を理由に退職を余儀なくされる労働者が出現した。そこで大企業を中心に，企業独自の制度として育児休業制度が徐々に導入されていった。法律では当初，女性労働者に対して企業が配慮する努力義務を設けるに止まっていた。その後，男女を問わず育児をする労働者が育児休業を取得することができるようにした。現在の育児休業制度は労働者が希望するときに使用者が必ず取得させなければならないものであり，会社に育児休業制度があるかどうかを問わず，また企業規模や繁閑期にかかわりなく使用者は育児休業の利用を拒むことができない。

現在の育児休業制度は，子どもが１歳になるまでの間，子どもを養育する人（男女を問わない実親・養親）が育児休業を取得することができる。保育所入所のタイミングは４月であることが多いので，誕生日によっては保育所入所と職場復帰を逃してしまうことがあるかもしれない。そこで，保育所の利用を希望しているが利用できない場合などは２歳になるまで延長することができる。また，両親ともに育児休業を取得することができる，パパ･ママ育休プラスという制度も設けられている。その場合には原則１歳２か月まで育児休業を延長して取得することができる。

（２）育児休業中の所得保障

もっとも，育児休業期間中は使用者が賃金を支払う必要がない。産前産後休業が無給であることと同じ理由である。しかし育児休業中に収入が途絶えてしまうことになれば，お金のために職場復帰を余儀なくされるので安心して育児休業を取得することができなくなるかもしれない。

そこで，育児休業を取得している間は雇用保険から育児休業給付金が支給される。対象となる人は育児休業を取得する２年前から取得時までに12か月以上雇用保険に加入しており，育児休業中に８割以上の賃金を受けていない人である。給付される額は２段階で，休業から６か月間は休業前賃金の３分の２で，その後は50％となる。支給される期間は育児休業取得期間に連動しており，子どもが原則１歳になるまでだが，保育所に入ることができないなどの理由がある場合には２歳になるまで延長することができる。

確かに，育児休業を取得している間の所得保障が必要なのは理解できる。しかしなぜこれを雇用保険から出す必要があるのだろうか。育児は病気やけがではないので健康保険から所得保障をすることは難しい。かといって育児は年金制度が対象とするリスクとは異なる。もしも育児休業給付がなければ安心して育児休業を取得することができなくなり，仕事を辞めざるを得なくなるかもしれない。そこで，育児休業の取得が雇用の継続を困難にさせる事由であると位置づけて，それを防ぐために雇用保険から給付することにしたのである。

（3）育児休業中の社会保険料負担と税負担

育児休業給付金の額は休業前賃金よりも低いようにみえる。しかし，育児休業を取得している間は年金や医療保険，介護保険は本人負担分だけでなく事業主負担も免除される。雇用保険料は賃金が支払われていない限り徴収されることがない。そして，育児休業給付金は非課税なので税金が差し引かれることはない。ただ，住民税は前年収入を算定基礎にして支払う必要があるので育児休業初年度は通常通り支払うことになるが，翌年度の住民税計算の上では育児休業給付金は算定基礎に入らないので翌年の住民税は安くなる。このように見ると，手取り収入ベースでは大きく減少するとは限らない。

厚生年金保険料の免除はその後の給付に影響するかもしれない。厚生年金については確かに保険料を納付しないのであるが，この免除期間は年金額を計算するときには保険料を納付した期間として取り扱われるので，老齢厚生年金などで不利益を受けることがない。

3．育児をしながら働く

（1）育児しながら働く人の労働条件

1歳未満の子を養育する女性が1日2回，それぞれ30分の育児時間を請求することができることはすでに述べた。これだけでなく，法律では育児をしている労働者の労働条件について，いくつかの保護を定めている。

一般的な会社では始業終業時刻が決められているが，会社によっては変形労働時間制が適用されることがある。その場合，育児を行う労働者に対して育児をする時間が確保できるよう，使用者は配慮しなければならない。変形労働時間制がない会社であっても，小学校に入る前の子を養育している労働者には残業が制限される（労働者の請求により1月に24時間，1年150時間を超えて労働時間を延長してはらならない）。深夜業務（午後10時から午前5時まで）も制限される。特に子どもが3歳未満であれば，使用者は勤務時間を短縮させなければならない。また，育児をしている労働者が転勤によって育児をすることができなくなるような場合，使用者は転勤命令にあたってその事情を配慮しなければならない。

（2）所得の保障：児童手当

私たちの生活が経済的に困窮する原因の1つに，出費が増えることがある。子育ての費用は誰が負担すべきであろうか。

1つは，子育てをする家計のやりくりである。確かに，子を産み育てることは完全に私的な出来事なのであるから，他人からの支援を受けるいわれはない。しかしそれには限界があり，子育て世代に過重な負担をさせることになるし，子どもの健全な成長発達に支障をきたす場合もある。そうすると，将来の医療費や治安対策といった社会的なコストが発生してしまうかもしれない。

子育て世代は企業にとって働き盛りの労働力である。子育て世代に安心して働いてもらい，優秀な労働力を確保するために企業が支払う家族手当は日本的な特徴である。この制度が設けられたのは日本型雇用慣行として長期雇用と年功序列型賃金があったことが理由である。賃金は職業能力や仕事の成果に応じたものだけでなく，家族形態の変化に応じた生活費を中心に構成するほうが，労働者は企業に忠誠を誓うことになる。そこで基本給以外に住居手当や配偶者手当を支給するようになった。このような仕事と切断された生活給の中に子を養育するための費用である家族給が位置づけられ，子どもの数に応じて会社が手当を出すようになったのである。

他方でこのような企業中心の子育て費用支援は，それを私的領域の問題としてとどめることになった。この恩恵にあずかることができるのは大企業の正社員だけであるので，中小企業や自営業者などの子育て費用は私的に負担せざるを得なくなった。本来，子どもの健全な成長によって利益を受けるのはその親だけではなく社会全体である。そうすると，子育ての費用は普遍化されなければならないし，それを支えるのは社会全体である。

そこで，子育て費用を社会化するために児童手当制度が1972(昭和47)年から施行された。児童手当は子どもを養育する者の所得保障（子育て支援）と次世代の社会を担う子どもの健やかな成長（子育ち支援）の2つを目的としている。このように目的複合的なので，時代の変遷とともに児童手当制度は大きく変わってきた。

児童手当制度の発足当時の支給対象は第3子以降の5歳未満であって，多子による出費の増大を補填するものであった。少子化対策の一環として第1子を支給対象としたのは1991(平成3)年のことであったが，対象年齢は第1子が1歳未満，第2子以降が5歳未満であった。これらはいずれも親世代の所得を補填する子育て支援が中心であったので，所得制限が付されていた。

児童手当を社会化した大きな契機が2010(平成22)年の子ども手当である。対象年齢を中学校修了まで引き上げ，所得制限を撤廃した。これによって，親の職業にかかわりなくすべての子どもが等しく成長する機会を享有できる子育ち支援にシフトしたといえる。しかしその後の政権交代で再び所得制限が導入され，子育て世代の所得保障に比重が戻り，現在に至っている。

児童手当の財源は若干複雑である。原則的には国が３分の２を負担して都道府県と市町村がそれぞれ６分の１ずつを負担する。しかし，３歳未満の被用者の子については事業主が15分の７を負担して，その残りを国と地方で負担する。事業主の負担は雇用する労働者の子の分を負担するのではなく，子ども·子育て拠出金として国に支払うことになっている。このように，企業も次世代を担う子育て・子育ち費用を社会連帯の一環として負担しているのである。だが，企業には給与として家族手当を支給しているところも少なくなく，そのような企業からは二重に負担をしているとの異論が出ているところである。

（3）子どものための教育・保育給付

1）　子ども・子育て支援制度

職場に配慮してもらっても，子どもの年齢によっては子育てをしながら仕事に専念することは難しいであろう。子どもの側からこれを見ると，親の仕事の都合で保育者がいない状態が続くことは望ましくない。戦後直後に制定された児童福祉法では，子どもが「保育に欠ける」状態にあるときに保育所に入所させることとし，その利用要件として，親が日中に仕事をしていることを常態としていることや負傷疾病，親族の介護などがあげられていた。このため，保育所は主として共働きの親の出勤時間に合わせた１日８時間の利用が原則とされたが，共働き世帯の増加とともにニーズが増大し，育児休業から職場復帰する際に利用すべき保育所が見あたらないという待機児童問題が発生した。

他方で小学校入学前に子どもの教育を考える親も少なくなかった。この場合には３歳以上の子どもに対して幼稚園が短時間の教育を行ってきた。しかし少子化と共働き化の進行によって，幼稚園のニーズが低下した地域も生じてきた。

保育所と幼稚園は，小学校入学前の子どもが健全な発達をするために１日の数時間を過ごす施設という意味では共通の機能を有している。そして子どもを育てる親の生活やニーズはさまざまであるし，保育ニーズと保育資源は地域によってさまざまである。そこで，子ども・子育て支援制度では多様な給付が準備されている。

子ども・子育て支援制度は，「子どものための現金給付」と「子どものための教育・保育給付」に大別される。「子どものための現金給付」は先に見た児童手当のことである。「子どものための教育・保育給付」は，さらに施設型給付と地域型保育給付に分かれる。

２）　施設型給付

施設型給付の施設には，保護者の仕事や傷病によって保育を必要とする子どもが利用する保育所と，３歳以上小学校入学前の子どもに教育をする幼稚園，保育所と幼稚園の機能を併せ持つ認定こども園（幼保連携型，幼稚園型，保育所型，地方裁量型）がある。

施設型給付を受けるには，認定の手続きが必要である。子どもが３歳

表５－１　保育の制度（筆者作成）

年齢と保育の必要	施設	利用手続き
３歳以上で保育の必要がない	幼稚園・認定こども園	保護者が施設に直接申込んで契約
３歳以上で保育の必要がある	保育所・認定こども園・地域型保育	市町村に認定申請をして利用先決定後に施設と契約
３歳未満で保育の必要がある		

未満で保育の必要性がないときには施設型給付を利用することはできないが，それ以外では次のようになる。

保育所を利用するためにはまず市町村から保育の必要性があるかどうかの認定を受けなければならない。市町村が保育の必要性を認めた場合には認定証が交付され，それを受けて保護者が保育所に利用希望の申込をする。幼稚園の利用希望は幼稚園に直接提出するのに対し，保育所の利用は（民間保育所の場合）保育所に直接申し込むことができない。それは，保育所の利用契約関係があくまでも保護者と市町村との間で成立するものとされているからで，保護者は単に利用したい保育所の希望を表明するに過ぎないのである。

保育所利用の希望を受けた市町村は，申込者の希望や施設の利用状況に基づいて利用調整を行う。その結果保護者の希望が叶えられないときには他の施設や事業者を利用することを要請することがある。

施設型給付に係る費用は，施設が保護者から徴収する利用者負担と公費から構成されていた。現在は利用者負担が廃止されたので，全額公費負担となっており，その割合は国が２分の１，都道府県と市町村がそれぞれ４分の１ずつである（公立の施設は全額市町村負担である）。

幼児教育の無料化は 2019 年 10 月から始まった。保育所，認定こども園は無料であり，ベビーシッターは月３万７千円まで，幼稚園は２万 7,500 円まで無料である。確かに子育てを社会が普遍的に支援するという視点から無料化は望ましいものである。しかしこれによって施設利用ニーズを喚起してさらなる待機児童の増加や利用調整の困難さが問題化するので政策的な効果を疑問視する声がある。これに加えて無料化以前でも低所得者の利用料は無料であったので，無料化によって恩恵を受けるのは中高所得者である。社会保障制度が所得再分配機能を持っていることからすれば，他の方法で子育て中の低所得世帯に対する所得再分配機能を強化する必要もあろう。

3） 地域型保育給付

地域型保育給付には，５人以下の３歳未満の子どもを自宅等に預かり家庭的な雰囲気の中で保育を行う家庭的保育事業（保育ママ事業）と，６人以上 19 人以下で３歳未満の子を預かる小規模保育事業がある。

これらの保育は原則として保育士の資格を持つ者が担当するが，資格を持っていなくても市町村が行う認定研修を修了して保育士と同等以上の知識経験を持つ者も担当することができる。これらの保育内容，保育時間，保育費用は保育所と同じである。

（4）学童期の子どもと仕事

子どもが小学校に入学すると，育児支援の制度は大きく変わる。職場での配慮につき，子の看護休暇，時間外労働と深夜業の制限，勤務時間短縮措置の制度が，法律上の制度ではなくなるので会社が独自に用意しない限りは保障されないことになる。

小学生が放課後帰宅しても保護者が働いていて不在となることがある。放課後児童健全育成事業（学童保育・放課後児童クラブともいう）は，保護者の帰宅までに適切な遊びや生活，自主学習の場を提供することにより，児童の健全な育成を目的とする事業である。学校の余裕教室や敷地内の専用施設，児童館などで実施されている。

費用は保護者負担と公費から構成される。公費は国と都道府県，市町村がそれぞれ３分の１ずつであるが，国の負担は事業主が拠出した負担金である。事業主拠出金制度は児童手当のほか，児童健全育成事業と病児保育，延長保育に活用されている。親を支援する給付・事業がなければ，子どもを持つ労働者は働き続けることが困難になるので，事業主にとって，子どもを持って働いている人の離職を防止し，現在の労働力を確保することが可能となり，よりよい人材の維持・確保につながるという受益があることが理由である。ここに，育児をしている労働者に対する企業の社会的責任を見出すことができよう。

学習課題

１．育児休業の仕組みとその間の所得保障についてまとめましょう。
２．子育てをしながら働くときの保護について説明しましょう。
３．保育所入所の手続きと待機児童問題について説明しましょう。

参考文献

厚生労働省 都道府県労働局雇用環境・均等部（室）「育児・介護休業法のあらまし」

6　仕事をするための社会保障

《目標＆ポイント》 誰にとってもライフステージの中で仕事の意味は大きい。かつては働いている人が家族を養うと同時に社会保障の財源を支え，働くことができない人は私的扶養を受けるか，社会保障による生活保障を受けるというモデルが一般的であった。しかし生活が多様化するとともに，そのようなモデルが一般的ではなくなってきた。それでも仕事をすることは重要である。それでは，仕事をするための準備段階にある人にとって，どのような社会制度を利用することができ，そのときにどのような社会保障制度を利用することができるのか。

《キーワード》 ハローワーク，職業訓練，生活困窮者自立支援制度，被保護者就労支援事業，特定求職者支援制度，ひきこもり対策，学校教育と生活保護，障害者就労

1．仕事を始めるための制度

（1）はじめに：仕事と社会保障

あなたは初対面の人に自己紹介をするとき，まず何を言うだろうか。年齢だろうか，趣味だろうか。おそらく多くの人は，仕事をしているかどうか，仕事をしているとすればどのような仕事か，していないとすれば家庭での役割などを説明するであろう。

これは何を意味しているのか。私たちにとって仕事とは，生きていくための糧を得る手段以上の意味を持っているということである。それは社会とのつながり，自己実現の手段や目的，自尊心といったような，精神的な何かが含まれるからであろう。

それでは仕事を持っていない，ということは何を意味するのか。まずは生きていくための糧がない，ということが第一に思い浮かぶ。生きていくための糧がない，ということを生活上のリスクと把握して，そのニーズを充足するような社会保障制度を考えてきた。そのニーズとは所得や医療介護のような社会サービスであった。

このような仕事がない人の生活上のニーズに対して社会保障の給付を行えば十分であって，それ以上を社会が提供する必要はないと考える人もいるだろう。ただ，このようなことはあまり問題にならない。日本国憲法では勤労の義務が定められていて，働くことができるのに働いていない人には厳しい社会だからである。親の所得に依存して働こうとしないニートや「8050問題」といったことが非難の対象となるのはこのような事情からである。だから社会保障制度は，働くための努力をすることができないか，働くための努力をしている人に限って給付の対象としてきた。

しかし，仕事を持っていないということは社会とのつながり，自己実現の手段や目的，自尊心が失われた状態であることには変わりがなく，そのこと自体が問題である。そもそも働きたい・働きたくない，そして働いている・働いていない，をきれいに2つに分けることは非常に難しい。そこで近年の社会保障制度では，働くことを支援するためのさまざまな仕組みが準備されている。この章では，仕事をしたいと思っている人への社会保障制度を見てみよう。

（2） 能力と仕事

現在仕事をしていないけれども，何らかの支援があれば働くことができる人がいるとする。しかしそのような人を一般化することはかなり難しい。それは仕事というものがいろいろある，ということと，仕事をする人にはいろいろな事情がある，ということがその理由である。

働く，というのは自ら事業を経営するか，誰かに雇われるかしかない。自ら事業を経営することもまれにあるが，多くの場合が誰かに雇われて働く。誰かに雇われるということは，雇う人（使用者）が自ら経営する事業を運営して雇われる人（労働者）の賃金以上の利益をあげることができるということを意味し，雇われるためにはそれに適した能力を持っていなければならない。そうすると，就職したい，と考えている人が労働市場でどの程度の能力を持っているかということが最初の問題になる。

使用者が労働者を採用しようと考えており，事業活動で利益を上げるために労働者に求める能力が 10 であるとする。これは，仕事を探している人が 10 の能力を持っていなければ就職することができないことを意味する。仕事を探している人の能力は千差万別であり，1 の能力しかない人と 9 の能力をすでに持っている人がいる場合，9 の能力を持っている人を支援して 10 の能力を持つようにすれば，就職できるかもしれない。そしてその能力に応じた支援プログラムを提供するなり，支援プログラム実施の間の生活費を保障することで，早期に就職することができるかもしれない。この場合，支援をする人のコストを考えると，もともとの能力が 9 の人に支援したほうが，かけるコストと成果の量を見比べると最適になる。

しかしそれでは 1 の能力しかない人がいつまでたっても就職することができない。この人が就職するために支援する人はコストを 9 かけなければならないからである。ただ，仕事にもいろいろある。2 の能力でできる仕事があって，それに向かって努力することもまた大切である。1 の能力を持っている人が 2 の能力を得ることで就職することができたならば，経済的な安定だけでなくて精神的な充足も得ることができるだろう。1の能力を持っていた人が9の努力をして得られる精神的満足感と，9の能力がある人の1の努力で得られる満足感を比較することはできない。幸せは人それぞれである。

もっとも，1の能力しかない，と思い込んでいた人であっても，別の領域では非常にすぐれた才能を持っていて，その領域で30や100と評価されるかもしれない。その結果，素晴らしい成功を収めるかもしれない。これは本人の努力だけでなく，周囲の環境の気付きなり支援が不可欠である。そうすると，その人の人格全体を見据えた，オーダーメイドの支援が必要となる。これは仕事をするための能力がどの程度あるか，ということによって異なる対応が取られることを意味している。

（3）ハローワークの機能

ハローワークに行ったことがあるだろうか。ハローワーク（公共職業安定所）といえば失業している人が仕事を探しにいくところ，というイメージが強いかもしれないが，実際はいろいろなサービスを提供している。

ハローワークは，失業者の生活保障のために雇用保険の給付を行うことと，失業者に対して職業紹介を行うことが中心的な機能である。しかし，それだけではない。失業者が仕事に就く上で必要となる知識や技能を習得させるために実施されている職業訓練の紹介やその事務手続きをすること，職業の適性相談を受けてアドバイスをするなどの事業を行っている。それから就職するために必要なマナーや基礎知識，企業の採用担当者を呼んで業界研究セミナーを開催するなど，仕事探しのサポートを全面的に行っている。そしてこれらのサービスは原則として無料である。

事業主に対しては求人の受付け，起業や新分野への事業展開を希望する事業主に対する助成金の支払いなどを行っている。

このように，ハローワークは仕事を始めるための総合的な事業を行うところであるが，現在会社で働いている人であっても利用することができ，転職を希望していなくても技能の向上などを考えているときに利用できるサービスもある。そして学校に通学している人でも地域の仕事を探したり就職活動の知識を得るために利用することができる。

(4) 職業訓練制度

仕事に関するスキルを身につける，という意味で専門学校や大学などに通うことがあるだろう。これらの教育課程とは別に，経済的な負担なしに仕事に関する資格を取得するための学校がある。それが職業訓練である。職業訓練には，地方自治体が運営する技能専門校と，地方自治体が委託する民間専門学校，そして独立行政法人高齢・障害・求職者雇用支援機構が運営する学校（職業能力開発短期大学校，職業能力開発大学校，職業能力開発総合大学校）と，そこが委託している民間専門学校がある。

これらの学校を利用することができる者は①離職者，②在職者，③学卒者である。訓練内容にはその地域での労働市場に根ざしたものや，求職活動に有利となる資格を取得するものなど，多彩なものがある。受講費用は①については基本的に無料であるが，②と③については有料のものがある。ただ，②③についても助成金などを受けることができる場合があるので，ハローワークを通すと低廉に資格を取得するための勉強をすることができる。

職業訓練課程を修了した場合には就職することになるが，就職率はおおむね高い。このように求職者にとっては有利なものであるが，やはり課程によっては向き不向きの適性がある。そのため，講座によって定員が設定され，利用するために試験を実施して合否を判断することが多い。

2．仕事を始めるための社会保障制度

（1）生活困窮者自立支援制度

1） 制度の趣旨

社会保障制度が生活に困窮している人を対象にしていることは誰も否定しないだろう。だが，生活に困窮するとはどのような状態をいうのであろうか。これには３つの考え方がある。

１つは，経済的困窮である。確かに雇用環境や私的扶養関係，社会保障制度から十分な所得保障を得ることができず，経済的に行き詰まってしまうことがある。これまでは労働施策や社会保障制度の維持向上をはかることで問題を解消しようとしてきた。

第２に社会資源の困窮がある。いろいろな労働施策や社会保障施策が講じられているとしても，その制度の谷間に落ちてしまっては利用できる施策がない。特に生活問題が複合的に生じているときには，１つの制度を利用することができても，実際にその制度を利用するには何らかの障壁があって利用することができないことがある。これは縦割り行政や制度の狭間の問題なので，複数の機関が協働して問題の解決策を探すべきである。

もう１つは，利用できる社会資源があるにもかかわらず，社会から孤立していることでいろんな制度や相談先もわからないから実際には利用することが難しい，という社会的排除あるいは孤立の問題である。

これら３つに関して生活困窮者自立支援制度では，生活困窮者の自立までを包括的・継続的に支える相談支援体制を構築し，就労の面については，生活訓練・社会訓練・技術習得訓練を有期で行う事業（就労準備支援事業）を実施することにした。雇用される能力が低く，一般就労が

難しい人には，支援つきで軽易な作業等の機会を提供する中間的就労の場を提供することで他者からの承認欲求を満たし，より高次の雇用される能力を得ることができるよう支援する。

今はまだ同居の親族から扶養を受けているなどで経済的な問題がないけれども，将来生活が困窮するかもしれない人を早期に支援することで生活困窮を防ごうとする。だから，対象となるのは現在生活保護を受けていない人であるし，所得保障の給付もなされない（住宅確保給付金を除く)。

生活困窮者自立支援制度の基本的な理念は，①生活困窮者の尊厳を保持すること，②就労の状況，心身の状況，地域社会からの孤立といった生活困窮者の状況に応じた，包括的・早期的な支援をすること，③地域における福祉，就労，教育，その他の生活困窮に対する支援に関する関係機関，民間団体との密接な連携等支援態勢を整備することである。これらを見ると，他の社会保障・社会福祉サービスと比べて対象者を特定せずに，特定の生活上の困難に限定せず包括的な支援を，複数の機関が協働して行うことに特徴がある。

2） 事業の概要

生活困窮者自立支援制度には，自立相談支援事業，仕事を失った人が家賃を支払い続けるために支給する住宅確保給付金，家計改善の支援などのさまざまな支援制度が含まれている。そのなかでも働くことができるように支援する制度には，①自立相談支援事業の中の就労訓練事業の利用あっせん，②就労準備支援事業がある。

①は中間的就労と呼ばれるもので，社会福祉法人，NPO 法人，民間企業等が行う。利用者の状況に応じて清掃やリサイクル，農作業といったような作業について，個々人の就労プログラムに基づいて就労支援担当者による一般就労に向けた支援を実施するものである。ただ，たとえば

長期のひきこもりのような対人関係を不得手とするような人がすぐにこのような作業を通じて就職することは難しい。そこで，②は生活習慣形成のための指導・訓練（日常生活自立）を行い，就労の前段階として必要な社会的能力を習得（社会自立）してから，就労体験や技能知識を得て就職することによって働くこと（就労自立）を実現するための事業が設けられている。

3）　実施

生活困窮者からの相談に応じる機関として，市町村などに自立相談支援機関が設置される。この機関には相談支援全般を担当し，個別的・継続的・包括的な支援を実施する相談支援員が配置される。特に就労に特化した就労支援員も配置され，就労意欲の喚起を含む福祉面での支援，ハローワークへの同行訪問，キャリアコンサルティング，個別求人開拓，就労後のフォローアップなどを個別に行っている。

すでに見たように，生活困窮者が就労自立をすることができない状態にあるのは，ほかの問題が複合的に発生しているからであって，その他の問題も同時に検討していく必要がある。そのため，自立相談支援事業の相談支援員，就労支援員などの行政職員をはじめ，NPO 法人などの受託機関，福祉・教育・住宅その他の関係機関が集まって情報の共有を進めて包括的な支援体制を構築する支援会議が設置されている。

4）　就労支援と所得保障

生活困窮者自立支援制度による就労支援を受けている間の生活費はどうするのだろうか。生活困窮者自立支援制度は生活保護受給者を対象としていないから，生活保護を受けていない，何らかの年金を受給していることもない，家族の誰かに扶養されている人が多くなるだろう。これは，家族に経済的な面だけでなく精神的にも依存しなければならないことになるので，問題があるように見える。

しかし別の見方をすると，自己否定的感情を持っている人にとって就労支援を受けることが必ず成功するとは限らない。もしかしたら失敗するかもしれない，という心配をせず，失敗してもやり直しができるという安心感は十分価値があるのかもしれない。多くの仕事に関係した社会保障制度は，就労に対する取組みが不十分であると判断された場合，社会保障給付を打ち切るという制度設計になっている。生活困窮者自立支援制度が所得保障制度と切り離されていることは，就労支援の失敗と所得を失うことが同時に発生しない，という点ではよいのかもしれない。

(2) 生活保護制度

1) 生活保護を利用している人の就労支援

生活保護を利用している人の就労支援も，生活困窮者自立支援制度と同じような考え方で作られている。事業としては，生活困窮者自立相談支援事業の認定職業訓練あっせん事業は生活保護の被保護者就労支援事業，生活困窮者就労準備支援事業は生活保護の相談および助言（自立支援プログラム）として位置づけられている。つまり，日常生活自立・社会生活自立・就労自立のステージに応じた制度が準備されているのである。

これが生活困窮者自立支援制度と異なるのは，所得保障給付との関係である。これらの事業に従事しなかった場合や途中で辞めた場合，休んだ場合であっても，その効果として直接に生活保護の給付を打ち切られることはない。これは生活困窮者自立支援制度と同じである。

しかしこれらとは別に，保護の実施機関が就労支援施策への取組状況を見て働く意思がない，と判断した場合には，生活保護の指導および指示を経て生活保護の不利益変更処分（停止および廃止）が検討されることがある。つまり，取組状況が悪ければどこにその原因があるのか，どのようにすれば改善するのかといった検討のプロセスを経て，それでもなお改善しないときに最終的に保護の不利益変更を行うのである。この点が混同されやすいのだが，この違いは結構重要である。

２）　生活保護を利用した技能修得

生活保護を利用して経済的自立を図るとき，その自立方法は雇用労働に限られない。生計を維持することを目的として小規模の事業を営むような場合，器具や資材が必要になることがある。この場合，生活保護の生業扶助から生業費が支給される。

生業の維持に役立つ生業に就くための技能を修得するのに経費が必要となるとき，生活保護の生業扶助から技能修得費が支給される。技能修得費として認められているのは，授業料（月謝），教科書・教材等の経費である。

これらの他，雇用の条件に自動車運転免許を取得することが課されている場合の免許取得費用，雇用保険の教育訓練講座の対象講座など，特別基準で分割して給付されることが認められる場合がある。

３）　生活保護からの経済的自立

生活保護を利用して就労支援を受け，働き始めたとする。そうすると賃金を得ることになるが，得られた賃金と保護費との関係はどうなるのだろうか。

すでに見たように，生活保護は保護基準と収入との差額が支給される。この収入には賃金収入が含まれる。たとえば，保護基準が 10 万円であるときに２万円の賃金を得たならば，８万円の保護費が支給される。２万円の賃金を得ていた人が就労支援を受けることで８万円の賃金を得るようになったとすると，保護費は２万円に減ってしまう。トータルでの収入は 10 万円に変わりがないから，頑張って働こうという動機付けに欠けてしまい，働く意欲を失わせるかもしれない。そこで働けば働くほどに少しずつ手取収入が増える仕組みになる。

ただ，そうすると単純に賃金と生活保護との二重取りになってしまうだけなので，より高い働く動機付けを持たせて生活保護から経済的に自立するために，収入が増えたことで保護が廃止されたときには，それまで収入認定されていた一部を払い戻すことにした。そのお金を一時的に必要となる費用（国民健康保険料や国民年金保険料など）に充てるため，就労自立給付金というものを支給することになっている。

（3）雇用保険制度

雇用保険の被保険者が離職し，労働の意思と能力があるにもかかわらず，職業に就くことができない状態を失業という。失業しているときの社会保障としては雇用保険の失業等給付，求職者給付の基本手当がある。個別の制度に関しては第14章で解説するので詳しくはそちらを参照してもらいたい。

失業者は，単に失業しているという状態だけで求職者給付の基本手当を受けることができるわけでない。基本手当を受けるためには，失業の認定を受ける必要がある。失業の認定は原則的に4週間に1回行われ，その際に労働の意思と能力があるかどうかを判断される。

この判断にあたって用いられるのが，就職への努力をしているかどうか，である。努力が認められるためには，①ハローワークでの求人応募，②職業相談や職業紹介などを受けた，③再就職に役立つ国家試験等を受けた，などを4週間に2回以上行っていなければならない。単に求人情報誌を読んだというだけでは就職活動をしたと認められない。

このような失業認定で就職への努力をしていない，と判断された場合には一時的に基本手当を受けることができなくなる。つまり，生活を維持するためには仕事探しの努力をし続けなければならないということである。

（4）特定求職者支援制度

1）　制度概要

生活保護制度による就労支援を受けるためには，生活保護を受給していなければならない。生活保護を受けるには持っている資産を活用したかどうかの資力調査を受け，それ以外に生計を維持するための手段がなくなってはじめて利用することになる。仕事をしていなくても多少の資産があったり，自動車を保有していることで生活保護の利用に至らないことは少なくなく，生活保護制度はそれほど誰もが気軽に使えるという制度ではない。

かといって，生活困窮者自立支援制度を利用しても所得保障があるわけではない。たとえば，雇用保険の基本手当を受給しても就職が決まらずに所定給付日数が満了した場合や，新規に学校を卒業して就職しなかったので雇用保険に加入していない場合には雇用保険からの給付を受けることができないので，何も所得保障がない。そのなかでも，少しの就労支援があれば就職できるような，雇用される能力が高い人に就労支援と所得保障を同時に行うのが特定求職者支援制度である。

2）　支援の方法

特定求職者支援制度の対象となる人を特定求職者という。特定求職者というのは雇用保険に加入できなかったり，加入していても受給要件を満たさずに基本手当を受けていない人などである。実施しているのはハローワークであるが，委託された認定職業訓練事業者が特定求職者に対して職業訓練を実施する。認定職業訓練事業者は特定求職者の就職率に応じてハローワークからお金を受け取るので，事業者が就職できそうな特定求職者を選抜して職業訓練を行い，就職につなげる。この就職は安定的なものでなければならず，定着率も評価対象となる。だからこの制度の対象となるのは，もう少し後押しがあれば就職できるような，正規の労働者として雇用される能力が高い人が中心になる。

特定求職者に課される要件として，本人の収入が月８万円，世帯全体でも25万円以下でなければならないことになっている。資産についても，世帯全体の金融資産が300万円以下などの条件がある。

認定職業訓練は２か月以上４か月未満の基礎訓練（例えば，パソコンの使い方講座)，３か月以上６か月以下の実践訓練（例えば，web サイト制作，プログラミング）から構成されている。訓練期間中にはキャリア・コンサルティングが実施され，職業相談や求人情報の提供などが行われる。

３） 職業訓練受講給付金

認定職業訓練を受けている間，職業訓練を受けることを容易にするために所得保障が行われる。職業訓練を受けている間の生活費を保障するものではなく，あくまでも職業訓練を受けることを支援するための金銭給付である。これを職業訓練受講給付金という。

職業訓練受講給付金の額は原則として月額10万円であり，12か月を上限として給付される。この制度は社会保険制度ではないから，事前に保険料を拠出しておく必要はない。しかし，職業訓練を１日でも欠席すると翌月の分が支給されない（病気などのやむを得ない理由があっても８割以上の出席が必須である）し，認定職業訓練事業者が取組み不十分として退学処分などにした場合にも支給されなくなってしまう。このように，１日も休まず，就職する意欲と能力があって，その意欲をずっと持ち続けて熱心に取り組んだ結果就職に結びつき，安定した雇用を得て働き続けることができる人，というのがこの制度の対象ということになる。そうすると，就労に関する阻害要因や心身上の問題を抱えていない，かなり高度な能力に恵まれている人だけがこの制度の対象となる。

それでは職業訓練受講給付金の財源は誰が出すべきか。この問題は，能力が高い人の就労支援には誰が責任を負うべきかということを意味する。国家がその費用を負担する理由はわかるだろう。しかし実際には国庫負担は２分の１で，残りの２分の１は雇用保険料から出ている。雇用保険料の半分は事業主，残りの半分は労働者が負担する。事業主がこの費用の一部を負担することにはそれなりの説明ができるが，何も関係のない労働者が納付する保険料からこの費用を負担する構造は，検討の余地がある。

3．特定ニーズのある人の支援

（1）就労阻害要因

仕事を始めるための社会制度は，雇用される能力の有無や失業中か否かなどによって作られている。これは，雇用される能力を獲得すれば，労働市場で職を得ることができるということを想定しているからである。しかし雇用される能力を獲得することが難しい人もいれば，能力を獲得してもすぐに就職することが難しいこともある。このような要因を就労阻害要因ということにしよう。

ここではその例として，就労経験の少ないひきこもり対策支援と，教育課程にある人，障害者について見てみよう。

（2）ひきこもり対策推進事業

ひきこもりの対策は待ったなしである。長期化すると80歳代の親が受け取る年金で50歳代の子を扶養し，親亡きあとの生活を心配する「8050問題」が生じると，その子だけでなく社会全体としても損失である。そこで生活困窮者自立支援制度の中で，ひきこもり対策推進事業が展開されている。

同事業は，ひきこもりの状態にある本人とその家族等を支援することで，ひきこもりの状態にある人の自立を促していくための事業である。各都道府県に第１次相談窓口としての機能を有するひきこもり地域支援センターを設置し，そこにひきこもり支援コーディネーターが配置される。ひきこもりの状態にある本人や家族からの電話，来所等による相談に応じ，助言や家庭訪問等を行う。

対象者の相談内容に応じて適切な支援を行うことができるよう，地域の既存の社会資源からなる連絡協議会が設置され，情報交換等が行われる。これらを通して各種社会資源からの適切な解決策を個別にはかり，自立につなげる。

市町村はひきこもりサポート事業を展開している。事業内容は相談支援のほか，ひきこもりサポーターを選定して訪問支援，情報提供等を継続的に行う。

これら事業は直接に所得保障制度を伴うものでなく，職業訓練や職業紹介を必須のものとするのではない。さらに生活困窮者自立支援事業の就労支援を義務づけるのでもない。関係団体で情報を共有しつつ，日常生活自立，社会生活自立にむけた過程の一部に就労支援施策が位置づけられている。このようなソフトな手段がこの施策の特徴である。

（3）教育課程にある人の支援

1） 高校生と生活保護制度

学校教育課程における就労の支援は，原則的に学校教育の問題である。しかし学校教育を続けるためには，それなりの経済的な負担が不可欠である。特に子どもの貧困問題がクローズアップされてから，この問題が重要視されるようになってきた。

現在高等学校進学率は非常に高くなっており，ほとんどの人が高校へ進学する。高校を出ていないと就職先を探すのは難しいであろう。しかし他方で，高等学校を経済的な理由で退学する人もいる。それでは生活保護制度では高等学校進学をどのように考えてきたのであろうか。

生活保護制度ができた頃は高校進学率が低かったので，教育扶助は義務教育に限定された。義務教育を終えたならば働きにでるのが当たり前だったからである。そこで保護世帯の子どもが高校に入学した場合，かつては高校生だけを保護の対象から外す世帯分離の取扱いをしていた（もちろん別居を強要するものではない）。その後の高校進学率の高まりを受けて，世帯分離しないでも生活保護を受けることができるような取扱いの変更がなされた。

そして現在では，生活保護を受ける世帯の子どもが高校に進学することができるよう，子どもの学習・生活支援事業などで学習援助や保護者・子どもへの生活習慣や育成環境の改善策を通じて進学率が上がるような取組みがなされている。

しかしそれでも，高校生活で必要になるお金がすべて生活保護から支給されるわけではない。そこで保護世帯の高校生が親に黙ってアルバイトをして，それが発覚して不正受給とされることがある。

2）　大学生と生活保護制度

大学進学率は高校ほど高くないし，高校を卒業してすぐに就職する人も少なくない。そこで現在でも生活保護では大学進学を正面から認めているわけではない。

大学生は稼働能力があるのにそれを活用していないから，大学へ進学すると世帯単位原則から世帯全員の保護を受ける要件を満たさないことになってしまう。しかし大学に進学することで進路選択の幅が広くなることは事実である。そこで大学生は世帯分離して，残りの世帯員だけを保護するというのが通常の方法である。そうなると生活保護費が減額されることになるので，住宅扶助に関しては減額しないような取扱いにされた。

そもそも大学に進学する意欲があっても，経済的負担から進学をあきらめるケースが少なくない。そこで，高校を卒業した人が大学などに進学する場合，進学にともなう新生活立ち上げの費用を進学準備給付金を生活保護から支給することにした。支給額は転居する場合に 30 万円，転居しない場合には 10 万円となっている。

しかし依然として生活保護家庭出身の子どもが高校や大学に進学するには，日本学生支援機構などの奨学金を利用することが要件となっている。これら奨学金は返済しなければならないが，長期に奨学金を借りていた大学生の返済額は多額になる。これに加え，大学生が卒業後に就職すると，出身世帯と同一世帯認定を受けることになり収入認定をされるし，同一世帯でなくとも扶養義務を負う場合に送金を余儀なくされることが少なくない。生活保護を利用して大学を卒業したはいいものの，就職しても多額の返済や送金が求められる。このような現状のままでよいのだろうか。考え直す時期にあると言えるのではないだろうか。

（4）障害者の就労支援

障害者である労働者は，経済社会を構成する労働者の一員として，職業生活においてその能力を発揮できる機会が与えられる。そして障害者である労働者は，職業に従事する者としての自覚を持ち，自ら進んでその能力の開発および向上を図り，職業人として自立するよう努力する。現在の障害者を取り巻く職業生活の環境はそのような視点で成り立っている。

障害者が働くことができるようにするための施策は，障害者自身の能力向上と，事業主が障害者を雇用する上での配慮という２つの側面がある。

障害者の職業生活の自立促進のための施策として，職業リハビリテーションがある。これは障害者に対して職業指導，職業訓練，職業紹介等を行うものである。障害者職業カウンセラーは，地域に密着した職業リハビリテーションサービスを実施する。障害者就業・生活支援センターは，障害者の職業的自立を実現するため，身近な地域での就業と生活の両面からの支援を一体的に行うことを目的として設置されている。

障害者が就労するための施策として，①就労移行支援，②就労継続支援，③就労定着支援がある。①就労移行支援は，就労を希望する障害者が生産活動その他の活動の機会を得て訓練をして，就職につなげるものである。②就労継続支援は，障害の程度によって通常の事業所に雇われることが難しい障害者に就労の機会を提供し，生産活動等の機会の提供を通じてその知識や能力の向上のための訓練を行う。③就労定着支援は，新たに事業所に雇用された障害者が働き続けることができるよう，事業主や障害福祉サービス事業者,医療機関その他との連絡調整を図る。

これに対して,事業主が障害者を採用するために２つの仕組みがある。１つは，従業員数の一定割合の障害者を雇用することを義務づける雇用義務制度である。この対象となる障害者を雇い入れやすくするために，たとえば施設の設置や介助者の配置等に必要となるお金について国が助成金を支給する。障害者雇用率を満たさない事業主に対しては不足分に応じて障害者雇用納付金を徴収し，雇用率を超えて雇用している事業主については障害者雇用調整金を支給している。

障害者雇用率の制度は，いわば障害者であるという「障害がない人との違い」を理由として雇用を義務づける仕組みである。これとは異なるアプローチが２つ目であり，事業主が障害者に合理的な配慮をすれば仕事をすることができるのに，合理的な配慮をしなかったならば差別に当たる，という仕組みである。いわば「障害がない人と同じ」ことから発想するのである。

学習課題

1．あなたが現在利用することができる就労支援の制度を調べてみましょう。
2．所得保障制度と就労支援制度が関連づけられているものと関連づけられていないものを整理しましょう。
3．就労支援の施策について，生活困窮者自立支援制度，生活保護制度，雇用保険制度，特定求職者支援制度の対象者と支援内容・方法の違いを説明しましょう。

参考文献

岡部卓編著『生活困窮者自立支援―制度の考え方・制度解説・支援方法』（中央法規，2018 年）
鎌田耕一『概説労働市場法』（三省堂，2017 年）
橘木俊昭・高畑雄嗣『働くための社会制度』（東京大学出版，2012 年）
道幸哲也・原田順子『多様なキャリアを考える』（放送大学教育振興会，2015 年）

7 病気やけがの治療（1）

《目標＆ポイント》 病気やけがをしたときに必要なものは何だろうか。第一に治療が想起されるであろう。治療には万全な医療の体制が必要であり、受診する際の経済的な不安を解消する必要がある。これに加えて治療中に仕事を休まなければならないのであれば、その間の所得の問題が生じるであろう。本章では、日本の医療提供体制と社会保険医療制度の構造を明らかにする。
《キーワード》 医療保障，社会保険，私保険，保険医療機関，審査支払機関，自由開業医制，診療報酬，自由診療，混合診療

1．医療の保障とは何か

（1）医療保障の概念

健康になりたい，健康であり続けたい，これは私たちの切なる願いである。そのために医療は不可欠である。日本国憲法でもその25条1項では「健康で文化的な最低限度の生活」を保障して，国民には健康な生活を送る権利があるのだ。これを実現するため，医療を保障する仕組みが整えられる。これは日本に限った話ではなく，国際人権規約（A規約：1976（昭和51）年）でも「すべての者が到達可能な最高水準の身体及び精神の健康を享受する権利を有する（12条1項）」としていて，世界中の人々に保障されるべき願いであることがわかる。

しかし考えてみれば，医療が保障されるとは何をいうのだろうか。病気やけがをしたときに治療してもらうということはわかるとしても，本当にそれだけで十分だろうか。そこにはいくつかの前提条件がある。

１つは，良質の医療が十分な量で確保されていることである。質が悪い医療があっても健康が守られないし，質のいい医療でもごく少なければ利用することができないからである。２つ目が，経済的な心配をせずにだれもが安心して医療を受けることができるということである。お金がなくて医療を受けられないのであれば医療が保障されているとは言えないだろう。これは医療に関する出費はできるだけ少ないほうが良いということである。３つ目が，医療を受けている間に働けなくなるなどで収入が途絶えることを防止することである。治療に専念して生活が成り立たないのは困るし，生活を成り立たせるために治療を先送りするならば健康を守ることができなくなってしまう。

このように，医療を保障するということには３つの意味がある。私たちはこれが当たり前のように感じているかもしれないが，忘れてはならない重要な視点であろう。

（２）誰が医療費を負担すべきか

ライフステージと社会保障の観点から見た医療保障の概念で重要なのは，医療にかかる費用をだれがどのようにして負担するかということである。多くの人にとって病気やけがを治療することは重大な関心事であるので，負担できる限りのお金を払って，できるだけ早く，最善の努力を尽くしてくれる医療機関で最大の医療サービスを受けたいと思うだろう。

もしも国家が医療にかかる費用に介入せず，市場に任せて放っておくと，皆がより高価な医療を受けることになるので，全体として医療費は高騰するだろう。そうすると，医療機関は富裕層を相手に医療行為を行うようになる。その一方で所得が低い人は適切な医療サービスを受けることが難しくなり，治療そのものをあきらめてしまうかもしれない。このように，医療費を市場原理に委ねてしまうと，私たちにとって医療が適切に保障されているとは言えなくなってしまう。これをどうするか。３つの考え方がある。

１つは，病気やけがは私的な領域に属する事柄だから，自分で負担すべきだというものだ。つまり病気やけがの治療費は自分で負担するので，医療機関との間でどのような医療をいくらで受けるかを契約に委ねるという方法である。これで医療の費用が不安な人は民間の保険会社が売り出している商品を購入すればよいし，すべて自費で賄うのなら保険商品を購入しなくてもよい。国家はそこに介在せず，なにもしない。典型的な例としては，かつてのアメリカがこれにあたるだろう。

２つめはこれの対極で，国民の健康を保障することが国家の義務だと考えて，国家が設置した医療機関に国民が受診し，その費用はすべて税金で賄うというものである。これだと病気やけがをした国民は無料で治療を受けることができる。しかし予算には限りがあるので予算をどのように増やしてどのように配分するかについて，常に議論の的になる。例えば北欧諸国やイギリスなどはこの方式をとる。

３つめが保険である。日本での考え方は，病気やけがによる医療費は，私たちが帰属意識を持つ団体に共有する心配事なのであるから，団体の中で助け合おうというものである。日本におけるこの帰属意識をもつ団体には「カイシャ」と「ムラ」があった。そこで職域と地域で医療の費用を出し合う医療保険制度が成立発展してきた。同じように，ドイツやフランスでもこのようなお金の出し合い，つまり保険という仕組みで医療費の助け合いが制度化されてきた。

（3）社会保険医療の歩み

工場が利益を上げるためには健康な労働力が必要である。そこで工場は福利厚生や産業育成の観点から，労働者向けに医療や医療費を保障する制度を作る。これによって工場で働く労働者の医療費を心配することはなくなるであろう。これが医療保険の原点である。

工場労働者には配偶者や子どもがいるかもしれない。これら労働者の家族の医療費が心配だと、工場の生産性にも影響を及ぼす。そこで、企業がお金を払って提供する医療費の保障を家族にも拡大すると同時に、その費用を賄うために労働者は賃金から一定割合を納付して労働者とその家族の医療費としてプールすることにした。もしも労働者とその家族の手取りを増やしたいのならば、労働者とその家族は健康に留意して医療費支出を抑えるだろう。そして企業にとっても、労働者が健康であれば生産性が高まって収益が増えると同時に、福利厚生費用として負担すべき医療費も安くて済む。このように、企業，つまりカイシャが従業員向けに医療保険制度をつくることは、事業主と労働者、その家族の全員にとって有益なものになったのである。

それでは農業を営むような地域住民にとっての医療費はどのようにすべきであろうか。会社のような共同体がなくとも，地域には自発的な助け合いの仕組みがあることが少なくない。五穀豊穣を願って地域でお祭りをしたり，何か困ったことがあると集落の人たちが集まって助け合いをするような仕組みである。つまり，地域に医師を呼んで，その地域で発生した病気やけがの治療にあたってもらい，そのお礼を地域共同体，つまりムラで出し合う仕組みである。このお礼は各自が働いて得た成果であるお米やお金を出すことが通例であった。

このように，カイシャとムラで独自に成立してきた医療に関する助け合いの仕組みには，助け合いの仕組みを持たないカイシャやムラの人たちにもその恩恵を及ぼす必要が生じてきた。そこで国家がこれらの助け合いの仕組みを組織化して，日本に住む人の全員を医療保険に加入させることにしたのである。これが成立したのが1961（昭和36）年であり，国民皆保険という国際的に見てもきわめて特徴的な制度となった。

国民皆保険の仕組みは，働く人が働いていない人の分の医療費までも助けることに意味があった。人口高齢化が進むと働けない人が増えるので財政問題に直面する。そして働くことと働いていないことの間が曖昧になっている現在では，カイシャとムラで別々の制度を維持し続けることができるのかという問題に直面しているのである。

（4）私保険と社会保険

医療は確かにいつ何時自分にとって必要となるかわからない。だからその費用を事前に貯蓄しておくことで準備することもできるだろう。しかしそれでは心許ない。そこで医療費を保険にすることでこれを解決した。保険というのは，ある共通の偶発的な事故のリスクにさらされている者が集まって１つの団体（保険者）をつくり，そこに加入する人（被保険者）があらかじめ保険料を納付してお金を集め，リスクが現実化したときにその人の経済的な損失を填補する仕組みである。つまり，被保険者の間でリスクを分散させることが保険の重要な目的と機能になる。

保険を成立させるためにはどのような条件が必要だろうか。医療の場合だと，ある保険者に加入する1,000人の被保険者全体が使う医療費が2,000万円だとする。そうすると，１人あたりの保険料は2,000万円÷1,000人＝２万円ということになる。これは別の見方をすると，被保険者１人あたりが2,000万円の医療を受けるリスクは1,000の１，ということと同じ意味である。つまり，支払う保険料にリスクをかけた金額が保険金額ということになる。これを，「給付・反対給付均等の原則」と呼ぶ。これを保険者側から見ると，被保険者から集めた保険料の総額が実際に支払われた保険金額の総額と等しいということを意味し，これを「収支相等の原則」という。

ただ，このような数式が成り立つには，保険者が正確にリスクを計算できることが条件となる。たとえば，かなりの医療費を必要とするのにその情報を隠して加入していた被保険者がいた場合，保険金額の総額が高くなってしまう。そうすると全体の保険料を値上げするか，個別にリスクの高い人の保険料を値上げするしかない。また仮に被保険者個別の医療リスクを保険者が正確に知っていたとしても，インフルエンザが大流行したら保険金額では賄いきれなくなってしまうかもしれない。つまり，保険者としてはリスクをできるだけ平準化して正確に把握しなければ，保険が成立しなくなるのである。

それゆえに保険が成立するための条件としては，リスクをより正確に把握する必要がある。そのためには被保険者数が多ければ多いほどよい。これを「大数の法則」と呼んでいる。たとえばサイコロを振って６が出る確率は６分の１だが，６回振って本当に１回だけであるとは限らない。むしろ千回，１万回……というようにより多くの回数振ると６分の１に近づいていくのと同じである。つまり，保険は大きい方が安定するのである。

それでも医療リスクの高い人というのは確実に存在する。高齢者は若年者よりも病院に行くことが多いし，遺伝子情報を解明することで医療リスクをある程度把握することもできよう。仮に保険に加入するかどうかを自由に決めることができるとすると，その反対に保険者が医療リスクの高い人の加入を拒否したり，高い保険料を求めることも可能になる。民間の保険会社はこのような保険を売り出すことができる。これを私保険と呼んでおこう。

しかしこれでは医療リスクが高く，所得の低い人は保険会社の医療保険に加入することができなくなってしまう。その結果，私保険の医療保険は健康で所得の高い人だけが加入することになるが，そもそもそのような人は保険に加入する意味がない。そうすると結局，加入が自由な医療保険は成立しないということになる。このような状態を逆選択という。

逆選択が生じる限りでは医療保険が成立しないのであるから，市民は常に医療費の心配をしながら生活しなければならなくなる。これは公益に適わないので，市民全員が保険に加入して保険料を払い，病気やけがをしたら誰でも保険給付を受けることができるような仕組みが望ましい。これを可能にするのは国家しかない。そこで医療保険は私保険ではなくて国家やそれに代わる団体が，市民に対して加入を強制して保険料を強制的に徴収するのである。これを社会保険と呼ぶことにしよう。

社会保険は「社会」の「保険」である。社会保険における「社会」とは，経済状況や健康状態にかかわらず，皆で助け合うことを意味している。つまり，社会保険としての医療保険は医療リスクにかかわらず，つまり健康であるか病弱であるかにかかわらず，お金を負担できる人が負担能力に応じて保険料を負担し，皆が納得する医療方針で必要な医療を平等に受けられるという仕組みとなる。

（５）医療保険の基本的な仕組み

医療保険とは，病気やけがを保険事故として，保険に加入する被保険者があらかじめ保険料を納付しておき，保険事故が発生した場合に保険者から医療サービスや金銭を受け取る仕組みである。実際には保険者が医療サービスを直接行うことは少なく，保険者に代わって保険医療機関が医療サービスを提供する。この場合，保険医療機関が行った医療が適切かどうかをチェックする必要がある。その関係は次の図７－１の通りである。

まず，被保険者が被用者の場合には使用者を通して保険料を保険者に納付する（①）。被用者でない場合には保険者に対して直接納付することになる。被保険者が傷病にかかったときは，自らが選定する保険医療機関で診療を受け（②），かかった医療費の１割から３割の一部負担金を支払う（③）。保険医療機関はどのような診療行為を行ったかというレセプトを付して，被保険者（患者）が支払った自己負担分以外を審査支払機関に請求する（④）。審査支払機関は被保険者の資格が適切か，請求されたが行った診療行為が保険診療や医学水準に照らして適切であるかどうかを判断して，適切であれば保険者に対して診療報酬を請求する（⑤）。保険者は請求された診療報酬を審査支払機関に支払い（⑥），審査支払機関が最終的に保険医療機関に被保険者（患者）が支払った自己負担以外に係る診療報酬を支払う（⑦）。

審査支払機関を設けているのは，事務処理の軽減と医療機関が行う医療行為の質を確保するためである。事務処理の軽減というのは，日本には医療保険の保険者が数百あり，その１つ１つに保険医療機関が報酬を

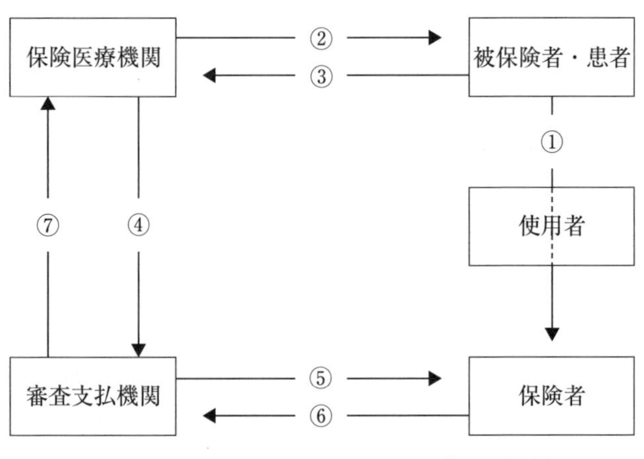

図７－１　日本の医療保険制度（筆者作成）

請求していると煩雑だからだ。保険医療機関は，被用者保険と生活保護の医療については社会保険診療報酬支払基金に対してレセプトを提出する。そして国民健康保険については国民健康保険団体連合会に対して保険医療機関がレセプトを提出する。それに基づいて審査支払機関が各保険者に診療報酬を請求するのである。もう１つの理由は，審査支払機関に提出されたレセプト内容を見て，各保険医療機関が実際に行った医療行為が現代の医学水準に照らして適切かどうか，保険診療のルールにのっとっているかを判断し，不適切ならばその部分の支払を拒否することにしている。これによって患者が不適切な医療行為を受けることがなく，安心して医療を受けることができるのである。

2．医療提供体制

（1）医療提供施設

保険診療を担っているのは医師，歯科医師，薬剤師，看護師その他の者である。そしてこれらを提供する施設が病院，診療所，調剤薬局などである。これらの施設を医療提供施設といい，表７－１のように分類さ

表７－１　医療提供施設（筆者作成）

病院 （20床以上）	一般病院	
	特定機能病院	高度の医療の提供等
	地域医療支援病院	地域医療を担うかかりつけ医，歯科医の支援等
	臨床研究中核病院	臨床研究の実施の中核的な役割を担う病院
	精神病院	精神病床のみを有する病院
	結核病院	結核病床のみを有する病院
診療所 （20床未満）	有床診療所	20床未満
	無床診療所	0床

れている。

医療提供施設にはこのようにいくつかの種類があるが，私たちが受診する際にはこのうちどの施設を受診してもかまわない。特に受診してはならない診療科や病院が制限されているわけではないので，自由に選択することができる。これをフリーアクセスといって，日本の医療の特徴の１つとなっている。しかし日頃健康な人が軽い風邪をひいたからといって，最初から数百床もあるような大病院にかかることはないだろう。通い慣れた診療所（○○内科とか××クリニックのような名前が一般的だろう）を受診して，そこで治療が難しければ紹介状を持って病院で診療を受けるということが一般化している。このように，目的や機能別に医療提供施設が区分され，設置されている。

（2）医療提供施設の設置と配置

日本では憲法で営業の自由が保障されているので，医師などの資格を持つ人はどこでも医療提供施設を設置することができる。これを自由開業医制という。他方で医療経済学によると，医療市場では供給量が需要を決定するという医師（供給）誘発需要論が言われることがある。つまり，医療提供施設が増えると新たに患者が生まれ，そこに医療の需要が発生するということである。そうすると，医療提供施設が新たにできると地域住民が不健康になる上に，医療費の負担をしなければならないということになる。もっとも，この考え方には医療経済学でも疑問が呈されているところではあるが，地域における医療機関の数（人口比）と地域の１人あたり医療費は相関する傾向が見てとれる。そこで，住民の健康に配慮しながら適正な医療機関を配置することが重要となる。

医療機関の適正配置のために，各都道府県では地域医療計画を策定する。地域医療計画では，都道府県が病院と診療所の病床の整備を図るために医療圏を定め，1次医療圏（住民が医師等に最初に接し，診察や保健指導を受ける圏域。日常生活に密着した保健医療サービスが提供され，完結する。主として市町村単位）と2次医療圏（病院における一般的な入院医療の提供体制を整備することが相当と認められる地域。複数の市町村で設定）と3次医療圏（専門的かつ特殊な保健医療サービスを提供する。地域単位は都道府県）に区分する。そして医療圏ごとに現在の病床数と将来の人口動態を踏まえた将来の病床数を算出し，それに基づいた整備計画を策定する。そして病床過剰な地域において新たに医療提供施設を設置する申請があった場合には，要件を満たせば営業の自由の観点から病院などの開設許可を出すものの，保険診療を行う指定をしないことがある。病院などが保険診療を扱うことができないと患者が集まらないので，実質的には病院開設ができなくなる。このようにして病床数をコントロールしているのである。

3．保険事故の対象となる病気やけが

（1）医療費の決め方と保険診療の範囲

一般的な財やサービスの価格は，およそ需要と供給のバランスによって決まる。医療は供給量が増えると需要もそれにつれて増えるといわれることがあり，これに従うと価格が上昇し続けてしまう。価格が上昇するとそれを負担するべき医療保険の保険料や国庫負担，保険診療を受けた場合の自己負担が高騰してしまって，いつかは負担に耐えられなくなってしまう。そこで，日本では医療の価格をあらかじめ決めておき，保険医療に携わる人はそれを基準に報酬を得ることにしている。この価格のことを診療報酬と呼んでいる。

診療報酬は2つの機能がある。1つは，保険医療機関が行う診療行為や処方される薬剤の価格を決定することである。この価格は厚生労働大

臣が告示として示す診療報酬点数表に表現され，医療行為は各診療科に応じて簡単なものから複雑なものまでの難易度や，必要なスタッフ，医療設備などのコストの違いを見て決められる。ここから実際に行われた診療行為や処方された薬剤ごとに1点あたり10円を乗じて得られた額が各医療行為の報酬となる。これらを合算したのが医療費であり，このようなやり方を出来高払い方式と呼んでいる。

もう1つの機能としては，診療報酬点数表に書かれた医療行為だけが保険診療の対象となるということである。保険医療機関が診療報酬点数表に書かれていない行為を行っても審査支払機関に報酬を請求することができないから，保険医療機関が行うことができる医療行為の方法が決定される。ちょうどレストランでメニューごとに価格が決められていて，それ以外の料理を提供することができないのと同じことである。

ただ，この出来高払い方式では過剰診療を生んでしまうかもしれない。このため，長期療養を目的とした医療施設は包括払い方式が採用されている。

診療報酬点数表に収載される診療行為は，およそ現代の医学水準に照らして必要と判断される医療の範囲である。とはいえ，すべての診療行為が保険から給付されるわけではない。保険からは給付されず，すべて自己負担となる診療行為としては，①医学的な必要性よりも審美的な理由で行われるもの（美容整形や特殊な歯科補綴），②有効性や安全性が確立されていない高度先進医療，③患者が軽度であると判断して選択したもの（ドラッグストアで購入する風邪薬や眼鏡，コンタクトレンズなど），④通常分娩などがある。これらは保険給付の対象とならず全額自己負担（自由診療）になるのであるが，ほかの制度で何らかの手当がなされたり，税制上の優遇措置があることがある。

（2）業務上と業務外，損害賠償

すでに見たように，日本の医療保険制度の最初は工場が労働者の労働力を確保するために始まった。その当時の工場が労働者の医療費を負担する理由は，工場の事業運営活動から生じた業務上の労働者の病気やけがを治療する費用を負担すべきだ，ということにあった。業務上の病気やけがであっても，労働者の不注意や不始末によってそれが生じることもあるだろう。その場合でも，工場は従業員の働きによって利益を受けているのであるから，労働者に過失があろうとなかろうと，仕事によって生じた病気やけがの治療費はすべて工場が負担することにした。

しかし社会保険制度が一般化してくると，業務上であろうと業務外であろうと，社会保険制度によって医療が提供されることになる。それでも工場や会社の受ける利益は変わらないので，業務上の事由による病気やけがについては使用者が負担する労働者災害補償保険が，業務外の事由による病気やけがについては健康保険などによって治療するという区分が設けられた。

同じように，誰かの責任で病気やけがが発生することがある。たとえば交通事故のような場合には，加害者の行為でけがの治療が必要になるので，その費用はすべて加害者が負担することになる。この場合には社会保険が医療費を負担するのではなく，加害者が支払う損害賠償から医療費が支払われる。

このように見てくると，医療保険が対象とする医療は，その発生原因が業務外であって第三者の行為によるものでない，という区別があることがわかる。

（3）自由診療と混合診療

保険診療は現代の医学水準に照らして必要とされる医療が保障されて

いる。保険診療を受けた患者は原則３割の一部負担金を払って，それ以外が保険から給付される。もっとも，保険診療の範囲にないような高度先進医療を受けた場合，高度先進医療にかかった費用は診療報酬で決まっていないので，医療機関と患者との間で決めた料金を全額自己負担で支払うことは当然であろう。これを自由診療という。

それでは，同じ病気やけがの治療に，保険診療と自由診療を組み合わせて受けた場合にはどうなるだろうか。保険診療については一部負担金だけ，自由診療については全額を自己負担すればよいようにみえる。しかし日本では保険診療と自由診療を組み合わせて受けた場合は，自由診療部分だけではなく，保険診療部分（療養の給付）も全部自己負担になる。これを混合診療の禁止といっている。

ただ，混合診療の禁止には２つの例外がある。１つは，治療上必要な行為の周辺的なサービス，つまり予約診療や時間外診療，入院したときの差額ベッド代や前歯の補綴に金合金などを使った場合で，選定療養と呼ばれる。もう１つは，一定のルールの下であれば安全に行われ得る医

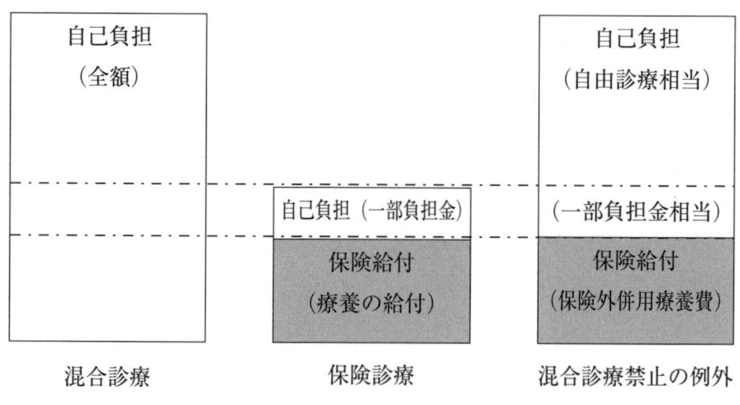

図７－２　混合診療と保険診療（筆者作成）

療機関で提供される高度医療や治験などであり，保険収載を目指す医療ということで評価療養と呼ばれる。これらの医療を受けた場合には，一般的な保険診療部分は保険給付と一部自己負担となり，これを超える部分が全額自己負担になる。この場合の保険給付は療養の給付という名前ではなく，保険外併用療養という名称になる。

混合診療が禁止されるのには3つの理由がある。公的に認められていない診療行為を行うことを認めるのは安全性の面で問題があるから，というのが第1の理由である。第2の理由が，お金がある人と医療機関が混合診療をどんどん使うようになると，結果として全体の医療費が高騰してしまうからである。そしてもう1つは，高齢化社会となり医療費適正化の圧力が強まる中で混合診療を認めると，保険診療の範囲が縮小してしまうことが危惧されるからである。その結果，所得の格差が健康や生命の格差に繋がることが懸念される。このように，混合診療禁止は医療の平等性と医療の質担保の役割を果たしていると評価できる。しかし混合診療禁止原則は患者の選択権や医療市場の拡大を制約することになるので，評価の難しい問題である。

学習課題

1．日本に社会保険医療の仕組みがなかったとすると，私たちの暮らしはどうなっていたでしょうか。
2．あなたが居住している地域の保健医療計画を調べ，どのような目標が掲げられているのかをまとめましょう。
3．混合診療を解禁すべきという主張と解禁すべきでないという主張をまとめ，あなたの意見をまとめましょう。

参考文献

井原辰雄『医療保障法』（明石書店，2006 年）
河野正輝・中島誠・西田和弘編『社会保障論［第 3 版］』（法律文化社，2015 年）

8　病気やけがの治療 (2)

《目標&ポイント》 日本の医療制度で最も特徴的なことは、全市民を対象とする医療保険制度である。誰もが保険証を使って受診したことはあるだろうが、本章ではその仕組みを学習する。
《キーワード》 国民皆保険，健康保険，国民健康保険，療養の給付，高額療養費

1．保険関係

(1) 国民皆保険体制の意味

日本では，市民すべてが何らかの医療保険に加入するという国民皆保険体制が整えられている。そして歴史的な沿革から，働き方や扶養関係，年齢によってどの医療保険に加入するかが決められている。次の図8－1を参照してほしい。

まず，日本に住所がある人は全員，都道府県が行う国民健康保険に加入しなければならない。これには国籍要件がないので，居住資格のある外国籍の人も必ず加入することになる。そしてここから適用除外されるグループがいくつかある。被用者は健康保険（公務員などは共済組合）に加入して，その被扶養者は健康保険の適用を受けることになる（被保険者にはならない）。この保険者を全国健康保険協会，通称を協会けんぽという。そして，大企業に勤める被用者とその被扶養者は，企業の福

利厚生の一環として自分たちだけの医療保険制度をつくる。これを健康保険組合（組合健保）という。これと別に，75 歳以上であれば後期高齢者医療制度の被保険者となる。

このようにして，日本に居住している人はすべて何らかの医療保険制度の適用を受けることになる。しかし法律で医療保険に加入しない人もいる。それが生活保護を利用する世帯に属する人である。この人は，健康保険に加入したり適用を受けたりしない限り，医療保険に加入することはない。その意味では無保険状態である。これは，恒常的な低所得者は保険料を負担することができないのと，保険医療機関で診療を受けても一部自己負担を支払うことが難しいので受診抑制に繋がることを避けるためである。

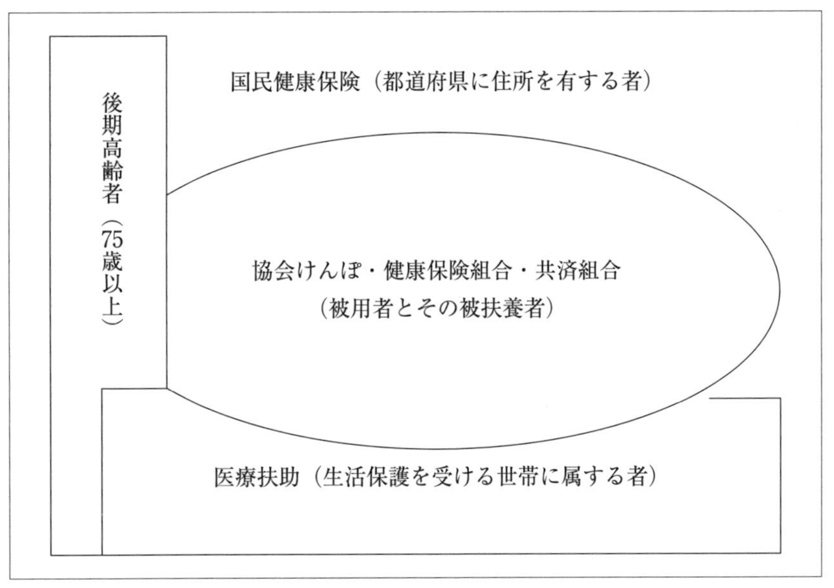

図 8 − 1　国民皆保険のしくみ（筆者作成）

これらの関係は少々ややこしい。まず，被用者とその被扶養者は健康保険などの適用を受けるが，それらの者のうち75歳以上の者は後期高齢者医療の対象となる。さらに，75歳以上であっても生活保護を利用していれば生活保護法による医療扶助の対象となる。

これらの結果，被用者保険には被用者とその被扶養者，後期高齢者医療には75歳以上の人，生活保護を受けている世帯に属する者は生活保護の適用を受け，残った人が国民健康保険の被保険者となる。そうすると国民健康保険には無職や自営業者，農林水産業者の人たちが加入することになりそうだ。しかし実際には働いているものの健康保険などの被用者保険に加入することができない非正規労働者（その多くがパートタイム労働者）が国民健康保険に加入しているという実態がある。

（2）医療保険の比較

日本に居住している人は何らかの医療保険制度に加入するのであるが，ここまで見たように，働き方と年齢によってどこに加入するかが決まる。一般的に，教育を受ける時期には被用者である親の健康保険など（被用者保険という）の被扶養者という扱いになり，就職したら被用者保険の被保険者となる。そして定年などで退職したら子どもが加入する被用者保険の被扶養者となったり，国民健康保険の被保険者となったりする。そして75歳になると後期高齢者医療の被保険者となる。

他方で，収入を得ることができるのは主に働いている時期となるから，被用者保険の被保険者として保険料を負担する時期であるが，その時期に医療費を使うことは少ない。そして，健康保険組合を作るような大企業に勤めている場合には賃金も高くて健康状態が比較的良い。次の表８－１のように，各保険者間で被保険者の年齢や所得，１人あたり医療費と保険料額が大きく異なる。日本の医療保険は加入する医療保険があら

表８－１　各保険者の比較（筆者作成）

	国民健康保険	健康保険	健康保険組合	共済組合	後期高齢者医療
平均年齢（平成 27 年度）	51.9 歳	36.9 歳	34.6 歳	33.1 歳	82.3 歳
1 人あたり平均所得（平成 27 年度）	84 万円	145 万円	211 万円	235 万円	80 万円
1 人あたり医療費（平成 27 年度）	35.0 万円	17.4 万円	15.4 万	15.7 万円	94.9 万円
1 人あたり平均保険料（平成 27 年度）※事業主負担込	8.4 万円	37.7 万円	49.2 万円	54.3 万円	6.7 万円
公費負担	給付費の 50%	給付費の 16.4%	原則なし	なし	給付費の 50%

かじめ決められているので，選択することができない。医療保険間で財政格差があっても選択することができないので，保険者間での財政構造の不均衡を調整するには国庫負担による財政調整が欠かせない。その結果，社会保険とはいっても多くの公費が投入（国庫負担）され，場合によっては保険者間での助け合いの仕組みが導入されているのが日本の医療保険の特徴である。

（３）被用者保険

１）　被用者保険の保険者

被用者が加入する医療保険は，もともとの性格が事業主による業務災害補償であった。これに被用者に対する福利厚生の性格が加わり，さらに被用者の家族が健康であることが被用者の利益であり，ひいては事業主の利益にもなるということから，適用範囲が拡大されてきた。現在は業務災害については給付の対象となっていないから，制度ができてからの性格は大きく変わっているものの，福利厚生が中心であることには変わりない。

従業員の福利厚生を中心とする医療保険を作るのであれば，その医療保険は１つの会社やグループ企業など，利益関係を共有する団体だけで作られる。そのような考え方から，自主的な医療保険を作ることができるだけの財政基盤がある大企業の健康保険組合が作られた。

健康保険組合は企業の自主的な運営を旨としている。従業員が健康であれば医療機関にかかることが少ないため医療費が少なくて済む。医療費が少なければ，その費用を出す事業主と被保険者である従業員の負担が少なくて済む。そして財政が豊かになれば企業が従業員にさまざまなサービスを提供することができるし，従業員もそれを期待して企業への帰属意識が高まる。このように，企業が健康保険組合を作ることは，それがうまく回っている限りはウィン-ウィンの関係になる。

しかし，同じような仕事をしている被用者にとって，たまたま勤めている企業が大企業なのか中小企業なのかによって医療保険の有無が決まることは望ましくない。そこで自主的に健康保険組合を作ることができない中小企業の従業員は，国が保険者となって中小企業労働者を加入対象とした医療保険制度を作ることとした。この場合，政府が保険者となるが，その運営は公法人である全国健康保険協会（協会けんぽ）に委託されている。その協会けんぽはいくつもの中小企業の集まりで成り立っている。そして中小企業の多くは地域に根差した地場産業であることが少なくない。そこでの医療は地域の医療環境に大きく左右され，医療費の地域間格差が財政事情に反映する。そこで，健康保険制度は国が保険者となって運営を行うものの，中小企業の事業主とその従業員が負担する費用は都道府県によって変えることにしている。

2） 被用者保険の被保険者

健康保険制度に加入する被保険者は働く者である。しかし働く者というのは若干不正確である。

働く人がいるところを事業所と呼ぶ。健康保険が対象としている事業所は法人であるか，法人でなければ法律で指定された事業を営む常時５人以上の従業員を使用する事業所が対象となる。このため，実際に適用されない事業は個人経営の旅館や弁護士事務所などの例外的なものにとどまっている。

事業所で働いている人は健康保険の被保険者となる。ただし，臨時に使用される者や日々雇い入れられる者，季節的業務に使用されている者などは適用が除外される。

健康保険の被保険者は適用事業所に「使用される者」である。「使用される者」がいれば「使用する者」がいる。使用する者，つまり使用者でも医療のリスクは被用者と同じである。特に健康保険は業務災害を対象にしていないから，両者を区別する意味はあまりない。

そもそも多くの中小企業の経営者は，その従業員と変わらない働き方をしている人も少なくなく，経営者だからという理由だけで健康保険の加入が拒否されることは適切でないだろう。特に近年の働き方が大きく変わっている中で，使用者と被用者の区別があいまいになっているので，使用者でも健康保険に加入するメリットは大きい。

そこで，被用者と同じような働き方をしている使用者であれば，健康保険制度に加入することになっている。独立自営業を営んでいる人でも，特定の会社からだけ発注を受けて仕事をする専属的自営業者も増えてきている。このような場合にも働き方の実態をみて健康保険の被保険者となる場合がある。

3）被用者保険の保険料

被用者保険には大企業などが自主的に運営する健康保険組合と，公務員などが加入する共済組合，そして中小企業の従業員などが加入する協会けんぽがある。表８－１に見たようにそれぞれの財政構造は異なるものの，費用負担が異なるのは国庫負担の有無またはその程度であって，被保険者から徴収する保険料の決め方は異ならない。

協会けんぽでは，必要な医療費のうち半額を事業主が負担し，残りの半額を被保険者が全員で負担する。それでは各被保険者でどのようにして保険料が決定されるのだろうか。考え方としては，①病気やけがをたくさんする人は保険料を多く支払うべきだ，というものと，②保険を使うことができる人の数に応じて保険料額を決めるべきだというもの，そして③負担能力に応じて保険料額を決めるべきだというもの，④誰もが同じ額を負担すべきだ，というものがある。

①は病気やけがをしがちな人，特に高齢労働者の負担が増えることになるし，保険料の半分を出さなければならない事業主は健康な人しか採用しなくなってしまう。②は家族がいる従業員は多くの負担が強いられるので少子化対策に逆行することになるし，保険料の半分を負担する事業主も家族が多い従業員を採用することを控えるだろう。そもそも社会保険としての医療保険には，医療のリスクに関係なく，負担できる人が負担すべきという考え方がある。それによって健康な者から健康状態が良くない者へ所得の再分配が行われることは正義に適うだろう。それに①のような定額保険料は平等だが，公平ではない。これに従うと，③のように，被用者が受けた報酬に応じて定率で保険料額を決めることが望ましいということになる。

協会けんぽの保険料は，その被保険者の報酬に一定の保険料率を掛けたものとなる。これを報酬比例保険料という。これで得られた保険料額の半分は事業主が負担する。この考え方からすると，②のように家族が何人いようとも，報酬が同じであれば被保険者が納付する保険料が同じになる。その結果，被扶養者が使う医療費は被保険者全体と事業主全体が共同して負担することになる。したがって，被保険者の婚姻や子の出生は，１人１人の保険料額には影響を与えない。

もっとも，１人あたりの医療費は年齢とともに地域によってずいぶん格差がある。高い医療費の地域はそれだけ医療保険制度によって恩恵を受け，低い医療費の地域は健康づくりに熱心な健康的な地域であると評価できるかもしれない。そうすると，地域の医療費に応じて保険料を変えるべきだということになる。中小企業の被用者を対象とする協会けんぽでは，この考え方に基づいて都道府県別に保険料率を変えている。

（４）国民健康保険

１） 国民健康保険の仕組み

医療費は地域間で格差がある。この格差解消に向けた取組みが都道府県を中心に行われている。かつての国民健康保険は市町村が保険者となって保険運営をしてきたので，医療費の高さや財政基盤の安定性などの理由で，市町村の間でかなりの格差が生じていた。これを解消するため，国民健康保険は都道府県が財政責任の主体となって安定的な保険運営をしながら医療費の適正化に向けた取組みを進めることにした。

国民健康保険の保険者である都道府県は，市町村とともに重要な役割を果たす。とはいうものの，保険料算定が完全に都道府県に一本化されるのはまだ先のことであり，それまでは都道府県が市町村に対して標準保険料率を示し，それを元にして市町村が保険料の決定方法を定める。そして市町村は自らが定めた保険料について被保険者から徴収する。将来的には都道府県内で均一の保険料の決定方式が採用され，都道府県内でのサービスの標準化が図られる。住民に身近な行政単位である市町村は，保健事業などを積極的に行うことで住民の健康増進をはかり，ひいては医療費の適正化にむけた取組みを行うことにしている。

2） 国民健康保険の保険料

被用者保険の保険料は報酬に比例する報酬比例である。これに対して自営業者などを対象にする国民健康保険は雇用関係を前提としていないので，報酬を正確に把握することが難しい。国民健康保険の被保険者の生活状態は実に多様であり，多様な人たちの間でどのように保険料を分担するのが公平か，というのは実に難しい問題である。

被用者保険の項で見たように，保険料負担の方法には①リスクに応じて決める方法と，②１人１人に負担額を割り当てる方法，③負担能力に応じて決める方法，そして，④誰もが同じ額を負担する方法がある。このうちどのような考え方で保険料を決めるべきだろうか。

国民健康保険が社会保険制度である以上，リスクに応じて保険料を決めるのは公平に反する。したがって①の考え方をとることはできない。そうすると③のように，保険料を負担することができる能力に応じて負担してもらうという方法になる。つまり，所得比例の保険料になる。しかし，自営業者や農林水産業者の所得を正確に把握するのは困難であるし,所得だけでなくて財産にも着目して負担の能力を決めたほうが良い，という考え方も成り立つ。

そして問題を複雑にするのは，国民健康保険は対象となるのがすべて被保険者となって被扶養者がいないということである。つまり，図８－１で見たように，国民健康保険は全員が被保険者となるので，全員が保険料を支払わなければならない。これには負担能力が関係ないので，実際には世帯主が被扶養者分をまとめて支払う。これらをまとめると，国民健康保険の保険料は次のようにして決まる。

表８－２　国民健康保険料（税）額の決定方法（筆者作成）

応能割（負担能力に応じて決まる） 50%	所得割（所得に応じて決まる）
	資産割（固定資産税などに応じて決まる）
応益割（定額負担） 50%	均等割（１人あたり定額）
	平等割（１世帯あたり定額）

国民健康保険の保険料は世帯ごとに徴収される。徴収される保険料額は表８－２に基づいて決定されるが，所得が高かったり家族が多かったりすると負担が重くなりすぎる。そこで１世帯あたりの保険料負担には上限（77万円／年）（2018年度）が設けられている。

ところで，表８－２によると，所得や資産がゼロであっても相当の保険料を納付しなければならない。そこで，低所得者には保険料の減額措置がある。この減額措置は所得に応じて応益負担分の７割，５割，２割を減らすというものであり，完全にゼロ（免除）にはならない。所得がゼロであっても保険料がゼロにならないのは，恒常的な生活困窮者には保険料負担が必要ない生活保護制度があるからそちらを利用すべきだ，という考え方に由来している。

３）　保険料（税）の滞納

このように，低所得者でもいくらかは国民健康保険の保険料を必ず納付しなければならない。他方で，高額所得者でも健康な人ならば，保険料を払っていても医療機関にかからないから保険の恩恵を受けない。そうすると，低所得者でも高額所得者でも保険料の滞納が発生しそうである。そこで，国民健康保険では保険「料」という名前を使うか，保険「税」という名前を使うかを保険者が選択することができることにした。つまり，「税」という名前にすれば滞納に対する心理的な圧力が高まるだけで

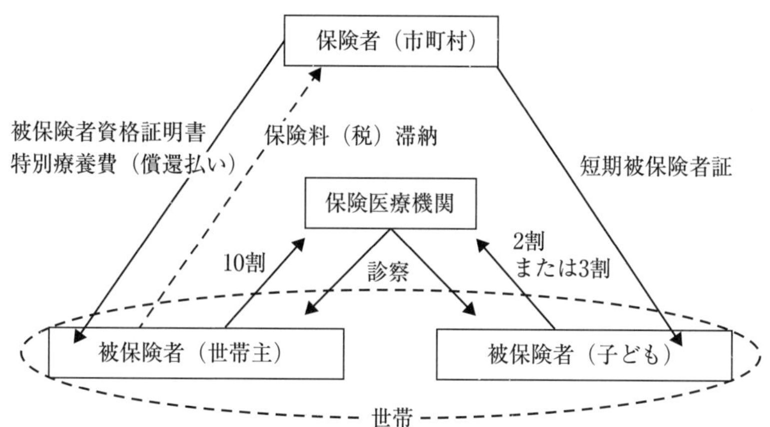

図８－２　国民健康保険料（税）の滞納と保険給付（筆者作成）

なく，徴税の部署がこれを集めることができるからである。

実際には９割程度の自治体が保険「税」を採用している。それでも保険料(税)を納付しない場合は，被保険者から保険証を返納させ，その代わりに被保険者資格証明書というものを発行する。被保険者資格証明書を持っている者が保険医療機関を受診したときは，医療機関でいったん全額の医療費を支払い，あとから金銭が償還払いされる。この目的は保険料(税)を徴収する市町村と滞納被保険者との接触の機会を増やすことと，償還払い給付分を滞納保険料(税)分と実質的に相殺することにある。

この制度は確かに滞納対策としては有効であるが，被保険者資格証明書の発行を受けた者の受診抑制が働いてしまうため，医療へのアクセス保障の観点からは問題が指摘される。特に世帯内に子どもがいる場合には，子どもには保険料（税）の滞納の責任がないのに医療機関の抑制機能が働くと，子どもの成長発達に大きな影響を及ぼしかねない。そこで子どもについては短期保険証が発行され，通常の保険給付がなされる。

2. 医療保険の給付

(1) 保険給付の種類

医療保険による保険給付の種類は，国民健康保険と被用者保険とで少し異なる。その内容は次の表８－３の通りである。これらの種類が異な

表８－３ 医療保険の給付（筆者作成）

	給付内容	健康保険	国民健康保険
療養の給付	診察などの現物給付	○	○
入院時食事療養費	入院中の食費の一部	○	○
入院時生活療養費	入院ホテルコストの一部	○	○
保険外併用療養費	混合診療禁止の例外措置	○	○
療養費	療養の給付を受けられなかったときの償還払い	○	○
訪問看護療養費	居宅における訪問看護	○	○
特別療養費	保険料を滞納して療養を受けた場合の償還払い	×	○
移送費	療養の給付を受けるために病院等へ移送する費用	○	○
傷病手当金	療養のために労務に服することができないときの賃金補填	○	△※１
埋葬料・葬祭費	被保険者の死亡に対する給付	○	△※２
出産育児一時金	分娩費用	○	△※２
出産手当金	産前産後の賃金補填	○	×
家族療養費等の家族への給付	被扶養者に対する給付	○	×
高額療養費および高額介護合算療養費	一部負担金の補填	○	○

※１ 任意だがほとんど実施実績なし
※２ 任意だがほとんど実施している

るのは，①被用者保険が賃金などで生活しているので，傷病などで仕事をすることができない間の賃金補塡の仕組みが必要であること，②被用者保険には被扶養者がいるのに対して国民健康保険は全員が被保険者であることがその理由である。

このように，医療保険制度は単なる医療費に関する給付だけではなくて，さまざまな金銭による給付がある。医療保険の金銭給付は現物給付の代わりになるもの（家族療養費，療養費など）と賃金の補塡をするもの（傷病手当金，出産手当金）がある。大きく異なるのは賃金補塡の性格を有するものであるが，これらは国民健康保険で実施されることがほとんどない。すでに見たように，国民健康保険の被保険者であってもパートタイム労働者などの賃金によって生活している人が多い状況からすると，これらの制度を見直す時期にあるとも言えるだろう。次に，この中から重要なものをいくつか見てみよう。

（2）療養の給付と一部負担金

医療保険の最も中心的な給付は療養の給付である。これは診察，薬剤または治療材料の支給，処置・手術その他の治療はもちろんのこと，居宅における療養上の管理およびその療養に伴う世話その他の看護，病院または診療所への入院およびその療養に伴う世話その他の看護も対象となっている。

この内容は健康保険でも国民健康保険でも同じである。生活保護でも基本的には同じ内容の医療を受けることができる（異なるのはジェネリック医薬品の使用が義務づけられることである）。そして健康保険の被扶養者が受ける内容の診療，つまり家族療養費の対象となる医療も同じ内容である。

保険診療の範囲で受けた療養の給付は，全額が保険給付されるわけではない。もちろん，保険料を払った人が給付を受けるのだから，受診したときに一部負担をするのはおかしい，という意見もあろう。しかし考えてみれば，自己負担なしに医療を受けることができるとすると，念のためにといって無用な診察を受けたり過剰な薬をもらったりして，病院漬けになって自然治癒力を低下させ，ひいては保険料や税金を引き上げなければならないことになる。そのような理由で医療保険制度を設けている国では，受診したときに一部負担金を払うのが一般的である。

それでは一部負担金はどのようにして決めるべきか。考え方としては，どのような医療を受けようともたとえば1回500円といった決まった額を支払えばよい，というものがある。しかしこれでは500円払えば無制限に医療を受けることができるので過剰診療を招きやすい。これに対して，かかった医療費の一定割合を負担することにすれば，コスト意識からむだな医療を受けることがなくなる。そこで，日本では原則として年齢に応じて負担する割合が決まっている。つまり，小学校に入学するまでは2割，70歳までは3割，70歳以上75歳未満が2割（所得に応じて3割），そして75歳以上が1割（所得に応じて3割）となっている。

（3）高額療養費—自己負担の軽減

療養の給付の定率負担方式は，患者にかかった医療費のコスト意識を持たせるという意味ではすぐれているが，最大の問題は病気やけがが重篤な場合ほど負担が大きくなるということにある。大きな負担は受診を抑制する効果を持つから，治療をあきらめさせてもっと重篤化するかもしれない。それに慢性疾患で定期的に診療を受けなければ生命に危機が及ぶ場合には，お金の問題が命の問題になってしまう。

そこで，医療費が増えて一部負担金の総額が一定額を超えた場合には，その超えた額を払い戻すという制度がある。これを高額療養費という。

同じように，介護保険にも一部負担金があるが，これも医療保険の一部負担金と同じ問題があるので，医療保険と介護保険の自己負担を合算して一定額を超えた額が払い戻される。

高額療養費によって償還される金額はちょっと複雑である。過去1か月間実際に支払った一部負担金の総額（世帯で合算される）から，所得によって決まっている基準額と，その基準額から超えた額の割合によって決まる。つまり，応能負担（所得に応じて負担する）と応益負担（受けた医療や介護の量に応じて負担する）の両方が加味されるのである。

この仕組みは償還払いを原則としている。1人の患者が複数の医療機関を受診していると，医療機関側では一部負担金の総額や患者の所得などを把握できないからである。そうすると償還払いの申請をしなければ高額療養費を受けることができないし，一時的とはいえ多くの現金を準備しておかなければならないというデメリットがある。ただ，これは入

表8－4　高額療養費による負担の上限（筆者作成）

<table>
<tr><th>区分（年収）</th><th>外来（個人）</th><th>限度額（世帯）</th></tr>
<tr><td>年収約1,160万円～</td><td colspan="2">252,600円＋1%
＜4回目以降の多数回：140,100円＞</td></tr>
<tr><td>年収約770万円
～約1,160万円</td><td colspan="2">167,400円＋1%
＜多数回：93,000円＞</td></tr>
<tr><td>年収約370万円
～約770万円</td><td colspan="2">80,100円＋1%
＜44,000円＞</td></tr>
<tr><td>一般</td><td>18,000円
（年間上限14.4万円）</td><td>57,600円
＜44,000円＞</td></tr>
<tr><td>住民税非課税</td><td rowspan="2">8,000円</td><td>24,600円</td></tr>
<tr><td>住民税非課税
（所得が一定以下）</td><td>15,000円</td></tr>
</table>

院の場合には事情が異なる。そこで同一医療機関での患者負担が限度額を超える場合には現物給付化されて，それ以上の負担を求められることがなくなった。

もう１つの高額療養費は，病気の種類に着目したものである。人工透析を受けている慢性腎不全の患者，血友病、抗ウイルス剤を投与されている後天性免疫不全症候群の患者については，自己負担の限度額が毎月１万円である。これらの場合は償還払いではなく，保険医療機関でそれ以上の負担を求められることがない。

学習課題

1．パート，アルバイトと医療保険の適用関係についてまとめましょう。
2．健康保険と国民健康保険の保険料がどのようにして決まるのか説明しましょう。
3．療養の給付の一部自己負担と高額療養費制度について説明しましょう。

参考文献

長沼建一郎『図解テキスト　社会保険の基礎』(弘文堂，2015 年)
島崎謙治『医療政策を問い直す―国民皆保険の将来』(ちくま新書，2015 年)

9 仕事による病気やけが

《目標＆ポイント》 仕事をしていると，仕事によって病気やけがをすることがある。そうするとその治療費だけでなく，仕事ができない間の収入が途絶えてしまう。この場合にだれがどのようにして費用を負担すべきであろうか。日本ではこれを労働者災害補償保険という制度で負担しており，社会保険制度の１つと把握されている。しかしそもそも労災保険は社会保障制度なのだろうか，健康保険や年金などで対応しないのであろうか。そして近年問題になっている過労死や過労自殺について，労災保険ではどのような対応をとっているのであろうか。

《キーワード》 損害賠償責任の保険化，労災保険の保険関係，保険料，保険給付，過労死，過労自殺

1．仕事による病気やけがの責任

（1）社会保障と病気やけが

社会保障制度は一般に，自分としては避けることができない不測の事態（リスク）が生じた場合に，自分を含む人々の助け合いによる費用であり，国家の費用でリスクに対応する給付を受ける仕組みである。もしもそのリスクを故意に発生させた人がいるのであれば，その人に責任を負ってもらう意味で費用を負担させるが，これは損害賠償であって社会保障ではない。

たとえば，交通事故の一方的な被害者がいるとしよう。その治療費や仕事ができなくなったときの補償は加害者が負担するのが原則である。加害者がその費用を負担せずに被害者が加入する健康保険制度などを使

って医療費を出すとすれば，健康保険などの保険者が加害者に代わって費用を出すことになるので，加害者の責任が問われないという結果になり，公平に反する。

助け合いのしくみである社会保険制度は，同じリスクを共有する人たちが保険料を納付して，リスクが発生したときに保険給付を受ける。これは，だれかにリスクが発生した原因を負わせることができないので，特定のだれかが費用を出すのではなくて皆で少しずつ費用を負担することにしたのである。だから第三者の加害行為でリスクが発生した場合には保険給付を行わないし，先に保険給付が行われた場合には，あとから保険者が加害者に対して支払った保険給付の金銭を請求することになっている。

（2）仕事による病気やけがの責任

それでは，だれかに雇われている人（労働者という）が，仕事によって病気やけがをした場合に治療費や賃金を得ることができなくなったとき，その費用はだれが負担すべきであろうか。「病気やけがをした」という点に着目すれば，その原因が仕事に関係があろうとなかろうと，健康保険など社会保険制度の給付対象となろう。実際，日本で明治期に最初にできた健康保険制度は，労働者の業務上の災害による疾病負傷が保険給付の対象となっていて，仕事が関係しない病気やけが（私傷病という）は対象となっていなかった。

他方で，仕事をしていなければその病気やけがをしなくて済んだかもしれないとか，会社を経営している使用者が労働者が働くことで利益を挙げていることを考えると，仕事に関係する病気やけがの治療は，使用者が責任を負うべきだともいえる。日本では現在の労働基準法の前身である工場法（1911（明治 44）年）でもそのような考え方から，業務上の災害については使用者が補償責任を負うことを定めていた。つまり，仕事に関連して発生した病気やけがの治療は，使用者が悪かったことにして，発生した損害を賠償する責任を負わせるということにしたのである。

もっとも，使用者が本当に悪かったのかどうかは別の問題である。使用者にはまったく落ち度がなくて労働者の不注意によって発生することもあるだろう。そのような場合でも使用者が治療にかかる費用を負担すべきであろうか。この場合には労働者に責任があるのだから，労働者本人か，あるいはその集団である健康保険などで負担すべきかもしれない。しかし，労働者は仕事をしていなければそのような病気やけがをしなかったのであるから，やはり仕事に関係する病気やけがの治療は，それが労働者の不注意であるかどうか，個別具体的に使用者が悪かったかどうかに関わらずに使用者が負担すべきだ，ということにした。これを使用者から見ると，使用者に具体的な責任がなくても治療に関する費用はすべて負担しなければならないということを意味するのである。

（3）労働者災害補償の保険化

しかし考えてみると，使用者が本当に悪くとも，業務災害によって生じた損害を賠償する責任を負うことは難しい。たとえば，都市ガスを取り扱う工場で爆発が起きたとする。この工場には取引先に迷惑が及ぶし，労働者以外にも賠償をしなければならない。工場の事業主はけがをした労働者に損害賠償を支払わなければならないのであるが，賠償額があまりに高額になってしまうと支払うことができなくなってしまう。そもそも賠償の支払いで倒産してしまえば，誰も補償されなくなってしまうし，その地域でのガス供給がストップして使えなくなってしまう。こうなると誰もが被害者ということにもなりかねない。

会社を経営するということはこのようなリスクが常につきまとう。そうであるならば，せめて仕事に関連する損害賠償がきちんと被災した労働者に支払われるために，複数の会社が集まって保険料を出し合い，労働災害が発生したときの損害賠償をそこから支払うことが，支払能力を保全する意味から望ましい。これを労働者災害補償保険（労災保険）という。このようなことから，労災保険は事業主が行わなければならない損害賠償の責任を保険化したものといえる。

問題は，だれがこのような保険を作って，だれがこの保険に加入し，だれがそれによって恩恵を受けるのか，ということである。保険に加入するのはリスクを共有する人であるから，労働者に賠償責任を負う事業主である。事業にはいろいろなものがあり，労働災害のリスクが高いものも低いものもある。しかしリスクが低いからといって加入しないならば，万が一そこで労働災害が発生したときには補償ができなくなってしまう。したがって，リスクの高低にかかわらず，すべての事業主を保険に加入させるのが望ましいし，そうでなければ被災した労働者への補償責任を果たせないことになる。そして使用する労働者がたとえ１人であっても，労災が発生したときの補償は必要である。そうすると，労災保険はリスクの高低や労働者数にかかわりなく強制加入の仕組みを取らざるを得ない。保険に加入することを強制できるのは法律による場合だけであるし，保険料を徴収して給付をするのも国家が行うのが簡便である。そこで，労災保険は国家が保険者となる。

これまでの社会保険制度では，保険を管理運営する保険者と，保険に加入する被保険者に分けて検討してきた。それでは労災保険における被保険者とは誰であろうか。そもそも被保険者とは，自分に発生するかもしれないリスクに備えて保険料を納付し，リスクが現実化した時点で保険者からの保険給付を受ける立場にある。ところが労災保険の場合は，保険料を納付しなければならないのは使用者であり，損害賠償としての

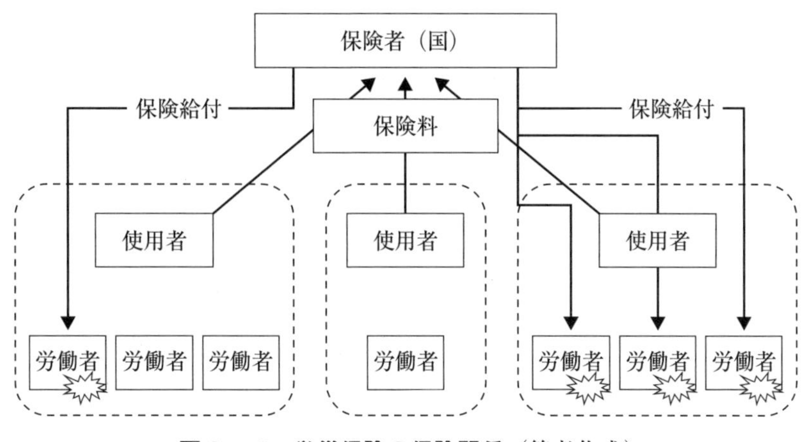

図９－１　労災保険の保険関係（筆者作成）

保険給付を受けるのは被災した労働者（あるいはその遺族）である。つまり，保険料を負担する人と保険給付を受ける人が異なるので，被保険者がいないのが他の社会保険制度と大きく異なる労災保険の特徴である。

（4）労災補償の社会保障化

このように，労災補償は事業主の損害賠償責任保険として発足した。使用者が負うべき損害賠償の範囲は，被災した労働者の治療費のほか，治療のために仕事を休んでいる間の賃金を補填する休業補償，不幸にして被災した労働者が亡くなった場合にその遺族に支払われる補償金などであって，基本的にそれらは賃金を補填して出費を補う関係にある。労災保険はこれらを保険化して，使用者に代わって国が支払う制度である。中には使用者が悪くて被災した労働者やその遺族に精神的な損害を賠償するための慰謝料を払うこともあるだろう。その場合には他の会社が負担する理由はないので，慰謝料を要求する労働者やその遺族が個別に裁判を起こして請求することになる。

ただ，このような損害賠償で本当に生活が成り立つかどうかは別の問題である。労災保険によって支払われる補償額で生活をすることができるよう，生活困難な状態が続く限り，補償よりも生活困難に着目した給付をし続けることが望ましい。そこで，労災補償の給付が一時金から定期的に支払われる年金になり，被害者救済に加えて生活保障の意味を持つようになってきた。これを業務災害給付という。

これに加え，モータリゼーションの進化に伴い通勤時の災害も労災保険給付に含めるようになった。これを通勤災害給付という。そもそも通勤途上に事故に遭うかどうかは使用者にとってコントロールできないことだから，使用者が賠償責任を負う必要はない。しかし，通勤は働く上で必要不可欠であって，そのときに生じた病気やけがに対する補償は生活保障に不可欠であるから，労災保険から給付することになったのである。これは，労災保険の責任保険としての性格からは説明できない。つまり，現在の労災保険給付には，使用者の損害賠償責任保険に加えて，労働者とその家族に対する社会保障としての機能があるという特徴がある。

2．労災保険の保険関係

(1) 事業と労働者

1） 事業所

労働災害が起きた場合，働いていた事業所がたまたま大きかったか小さかったか，従業員数がどれだけいたか，法人格があるかどうか，どのような種類の事業であったかによって，被災した労働者が補償を受けられるどうかが変わるのはよくない。それゆえに，労災保険が適用される事業は，事業の種類や規模などにかかわらず，すべての事業が対象となる。労災保険の趣旨は使用者の損害賠償を保険化したものであるから，対象となる事業は労働者を雇うことで利益を得ているすべての事業所になる。

2）　労働者

例えば，前述の都市ガス工場で爆発事故が起きたとする。そのときに働いていた人には正社員，派遣労働者，有期雇用労働者，パート・アルバイトなど多様な労働者がいたかもしれない。この場合，労災保険の保険給付を受けることができる人を制限すべきであろうか。

通常の社会保険では労働時間や雇用期間の長短，賃金額によって，加入の可否が決まることが多い。しかし労災保険は災害を受けたことに対して使用者が損害賠償責任を負うことを保険化したものであるから，どのような働き方をしていたかは関係がない。正社員にだけ賠償して非正社員には賠償しない，というのでは正義に反するからである。それに正社員であろうと非正社員であろうと，労働者は保険料を負担しない。だから対象となる労働者は実際に働いているすべての労働者ということになるのである。ただし，公務員については労災保険制度とは別の制度が設けられているので適用が除外されている。

3）　労働者と自営業者

労災保険の対象となる労働者は，使用者から賃金を受け取って使用者に仕事を提供する者である。これらの人は労働基準法の適用を受ける人と同じだと考えられている。しかし，工場の作業現場などを見ていると，その工場を経営する会社の従業員でない人，つまり工場から作業の一部を請け負っている会社に雇われて働いている人を見かけることがある。一般に下請といわれる会社の労働者である。下請会社が複数の労働者を雇用しているようなこともあるが，ある下請会社で働いているのが１人だけで，下請会社の使用者と労働者が同じ自営業者，ということもある。

この場合は雇用関係がないので労災保険が適用される余地がない。しかし作業内容はその工場の従業員と同じようなものである。また，最近では空いた時間を利用して，登録した会社からスマートフォン経由で飲食物の配送をする仕事が出てきている。この場合，労災保険の対象にならないのであろうか。

考え方としては２つある。１つは，確かに工場などと直接の契約関係になくとも，働いている実態を見て工場労働者と同じだ，と判断することで労災保険の適用を受けるようにするものである。もう１つは，本来的に労働者でない人が申請によって労災保険に加入して自ら保険料を支払い，事故が起きたときには労災保険から給付を受けるという特別加入制度である。ただ，いずれも完全に適用されるには至っておらず，まだ議論の途中である。

（2）保険料の考え方

労災保険の保険料は，賃金に保険料率を掛けて算出される。これは，他の社会保険制度と共通している。しかし，労災保険制度は使用者の損害賠償責任を保険化したものであるから，他の社会保険制度とは異なる点がある。

1） 費用負担がすべて使用者負担

日本の社会保険制度には労災保険のほか，年金・医療・介護・雇用の各社会保険制度がある。程度の差はあれ，これらの社会保険制度の財源は被保険者が納付する保険料のほか，事業主負担と国庫負担がある。これら三者が費用を負担するのには，それなりの意味がある。

これに対して労災保険は使用者の責任保険である。使用者が負担しなければならない責任を，労働者に転嫁することは許されない。したがって，労働者が保険料を負担することはない。そして，本来的に使用者が責任を負わなければならない事柄に対して，国家が積極的に費用を負担するのもおかしい。労災に責任がある使用者を支援することになるからである。それゆえに，労災保険には国庫負担も行われない。つまり，労災保険の費用はすべて使用者が負担するのである。

2）　保険料率が業種によって異なる

自分のところで働いている労働者が被災していないのに，他の会社の労働者が被災したからといって労災の保険料を納付しなければならないのは，使用者にとってみるとおもしろくないだろう。労災保険は加入と保険料納付が強制されるのに，頻繁に労災事故が起こるリスクがある業種と，めったに労災が起こらない業種が同じ保険料率なのは公平なのだろうか。

一般に社会保険制度は，リスクに無関係に保険料率が決定される。被用者保険においては標準報酬に法定の保険料率を掛けて保険料を算出する応能負担が原則となるし，地域保険では応能負担と応益負担が加味される。これらは，保険給付が生じるリスクに比例したものではない（ただし地域保険に係る応益負担部分についてはリスクに関連していると言えなくもない）。

しかし労災保険では，労災のリスクに応じて事業の種類ごとに保険料率が決定されている。保険料率が高い業種は金属砿業，非金属砿業と石炭鉱業であり，低い業種は計量器，通信，金融，保険業である。このように，産業全体で保険財政を担うとしても，産業内部でリスクに応じた保険料負担をすることを通して公平性を確保しているのである。

3）　事故発生状況により保険料率が上下する

同じ業種であっても，労災事故が起こらないように気をつけている会社もあれば，そうでない会社もある。これでは労働者が安心して働くことができない。それでは労働災害を防止するためにはどうすればよいだろうか。

損害保険会社が販売している自動車の任意保険では，事故を起こした人の翌年度保険料を引き上げることがある。自動車を運転する人は，もしも事故を起こしたとしても損害賠償金を保険会社が支払ってくれるという安心感はあるが，事故を起こしたら保険料が高くなる。その結果，保険に加入していても自然と安全運転を心掛けるようになる。

労災保険も同じように，一定規模以上の事業所では，過去３年間の労災事故発生実績に基づいて労災保険料率を増減する。これをメリット制という。同じ業種の事業所でも労災予防をしっかりやって事故が起きていない会社の保険料率を引き下げることで，労災予防をしっかりやってもらうという仕組みである。反対に，労災発生の予防をしっかりしていなかったばかりに事故が起きた会社では，労災保険から賠償されるのでそれほど大きな財政的な問題は生じないけれども，労災保険料率が引き上げられる。そうすると，しっかり予防対策をしていた会社とそうでない会社との間で公平性が確保される。

ところが，このようなメリット制は別の問題を生む。実際には労災事故が生じているにもかかわらず，保険料率の引き上げや世間体を気にして労災を使わせない，という労災かくしの問題である。労災かくしが生じてしまうと，被災した労働者へ十分な補償が行われないかもしれないし，使用者が労災を防止する措置を講じなくなってしまう。したがって，労働安全衛生行政の中で厳に対応がとられるところである。

（3）保険給付

労災保険の給付は，もともと損害賠償である。損害賠償には，①事故に遭ったことで新たに必要となる費用（積極損害という），②本来ならば受け取ることができたお金について，事故に遭ったことで現実に受け取ることができなかった金銭（消極損害という）という2つがある。もっとも，一般的な損害賠償にはこれに加えて，事故による苦しみや悲しみといった精神的なダメージに対する慰謝料が認められることがある。しかし，労災保険では慰謝料について給付の対象となっていないので，慰謝料が必要ならば裁判で請求することになる。

1）　積極損害

積極損害として発生するのは，まずは医療費である。確かに日本は国民皆保険であるので，何らかの病気やけがについては医療保険で対応することができるかもしれない。しかし，業務上の負傷・疾病については使用者が責任を負うので，医療保険を使わずに労災保険から給付がなされる。これを療養補償給付という。

療養補償給付の内容は医療機関での診療行為である。より具体的には診療，薬剤または治材料の支給，処置・手術その他の治療（医学的リハビリテーションを含む），居宅における療養上の管理およびその療養にともなう世話その他の看護などである。給付される期間に制限はなく，再発にかかる療養期間も含む傷病が治癒するまでの全期間にわたって給付が継続する。

療養補償給付が健康保険などの社会保険医療と異なるのは，一部負担金がないことである。健康保険などの社会保険医療では患者のコスト意識喚起などのために一部負担金が導入されているが，労災保険はコスト意識よりも事業主の責任を果たすことのほうが優先される。したがって，療養補償給付では医療機関の窓口で負担をすることがない。

もう1つの積極損害として介護の費用がある。労災によって一定の障害状態となった場合，障害の状態に応じて介護補償給付が支給される。ただ，介護保険や障害者支援施設で介護を利用している場合などには支給対象とならないことがある。

そして，労働者が労働災害によって死亡したときに葬祭料が支給される。葬祭料は健康保険制度にもあるが，労災保険からの給付はこれと比べると手厚くなっている。

2） 消極損害

本来ならば受け取れるはずであった賃金の代わりに，労災保険から給付されるのが①休業補償給付，②傷病補償年金，③障害補償年金である。

①休業補償給付は，業務上の病気やけがで仕事をすることができずに賃金を受けることができないとき，およその給料の８割（法律上は６割）が支給される。病気やけがを治療している間に仕事をすることができないという条件なので，病気やけがが治癒（完治していなくても症状が固定すること）するか，療養を開始して１年６か月経過するまでしか支給されない。

この間被災した労働者は仕事をしていないが，事業主は労働者を解雇することができない。１年６か月経過しても治癒せず，一定の障害状態に該当するときは，②の傷病補償年金に移行する。被災した労働者が傷病補償年金を受給すると，使用者はそれ以上の補償をする必要がないものとされ，一定の条件の下で解雇することができる。もっとも自由に解雇できるというわけではなく，復職の可能性を検討し，労働者との話し合いをするなどの手続きを踏むことが必要であるし，それは労働者と使用者のためにも望ましい。

労災によって治療を受け，治癒したけれども一定の障害状態が残ったということがある。この場合には③の障害補償年金に切り替わる。障害補償年金は障害等級１級から７級までが対象となり，８級から14級までの比較的軽度の障害については障害補償一時金として支給される。

被災した労働者が死亡した場合，その死亡の当時に生計を維持されていた遺族には一定の遺族補償年金が支給される。遺族補償年金は遺族の生活保障が目的なので，遺族が生存している限り，あるいは再婚などで親族関係が終了するまでずっと支給される。遺族補償年金の対象となる遺族は配偶者や子などであるが，妻が死亡したときの夫は55歳以上でなければならないという条件がある（妻には年齢要件がない）。遺族補償年金の支給対象とならない55歳未満の夫などには遺族補償一時金が一度だけ支給される。

3）　損害ではない給付

労災保険が社会保障化していくと，本来の損害賠償とは異なる性格の給付が設けられる。その代表例が二次健康診断等給付である。二次健康診断等給付とは，会社で行われる定期健康診断の血圧検査，血液検査などで異常の所見があると診断されたときに行われる二次健康診断の費用や，二次健康診断の結果を受けて行われる医師や保健師による特定保健指導の費用を負担するものである。これらは本来的な意味で労災ではないが，放っておくと脳血管疾患や心臓疾患を発症するかもしれず，働くことが引き金となって発症したら労働者だけでなく事業主も困ったことになるから，労災保険から給付することにしているのである。

このほか労災保険の本来的な給付ではないが，労災保険の費用を利用した社会復帰促進事業というものがある。この中には，企業の倒産等により賃金を支払ってもらえない労働者に対して，未払賃金の一定部分を国が事業主に代わって立て替える未払賃金立替払い事業がある。また，社会復帰促進事業には，被災した労働者の子どもや遺族が学資に困っているときに支給される就学援護費がある。未就学児がいる場合には就労保育援護費が支給される。

4）　通勤

ここまで見てきた労災保険の給付は，業務上の事由による労働者の負傷，疾病，障害，死亡を対象にするものであった。これら業務上災害は使用者に過失がなくとも賠償責任が認められるので,「補償」給付という名前がついていた。

労災保険は業務災害だけを対象にするのではなく，その範囲を通勤にまで拡大してきたのはすでに見たとおりである。通勤というと，公共交通機関や自家用車，徒歩で職場と自宅との行き帰りをイメージするだろう。そのイメージから，自宅から会社に向かう通勤と，仕事の一環で移動することとの間に何の違いがあるだろうか。後者は仕事による病気やけがなので業務上災害になるが，前者は通勤災害として労災保険給付の対象となる。必要となる給付の範囲は業務上と通勤で変わりがないから，通勤災害給付の範囲は上の1）から3）と同じものになる。

しかし通勤災害には業務災害と大きく異なる点がある。それは，使用者にとって通勤自体には使用者のリスク回避ができないということである。つまり，使用者には責任がないのにお金を出さなければならないのである。だから通勤災害給付の名称には「補償」の文字が使われない。つまり，療養給付，休業給付，障害給付というように。給付の内容や範囲は業務災害給付と通勤災害給付とでは基本的に同じである（異なるのは，療養給付を受ける場合に一部負担金として200円支払わなければならないことくらいである)。

3．労災の認定

（1）私傷病と業務災害

ここまで見てきたように，同じ病気やけがであっても，労災の病気やけがと私傷病とでは取扱いがまったく異なる。しかし業務災害と私傷病を明確に区別することができるのだろうか。

わかりやすいのは仕事をしている最中の事故である。工場で爆発が起きた，工作機械の下敷きになってしまった，などの災害は業務と負傷疾病との関係が明確であるから，業務上災害と判断される。

わかりにくいのは病気の場合である。例えば，介護の仕事をしている人が腰痛に悩まされている場合，それは私傷病としての腰痛なのか，それとも仕事によって腰痛を発症したのかを判断することは難しい。ただ，私たちは経験則上，日常的に重い物を上げ下げしなければならない介護の仕事をしているならば腰痛になりやすいということを知っている。このように，一定の仕事と発症する病気との間に関連性があることが明らかなものを職業病（職業性疾病）といい，業務上災害として認められる。

わかりにくいのは仕事なのかそれとも私的な領域に属する事柄なのか，という判断がつきにくい場合である。確かに，業務命令で行っている作業に従事している間に起きた事故は業務上と判断されるであろう。しかし，仕事中にトイレに行っているときに脳卒中を起こした場合はどう考えたらよいだろうか。炎天下の野外作業中に水を飲みに行くときに倒れた場合はどうだろうか。このような場合は，確かに仕事そのものを行っているわけではないけれども，業務上災害として認められている。

ただ，昼休みに社外のレストランで出たランチで食中毒になったとか，会社の同好会バレーボールチームでのけがなど，休憩中や就業後の私的な行為による事故は業務上のものとは認められない。

（2）過労死

このように業務上か業務外かを判断するには，業務と傷病等との間に一定の明確な相当因果関係が存在することが必要である。これを業務起因性と呼んでいる。そして業務起因性を認めるためには，使用者が労働者に命じた業務を行っているかどうかがその判断の前提となる。これを業務遂行性と呼んでいる。つまり，①その業務は使用者が命じたものなのかどうか（業務遂行性があるか），②命じたものだとすれば，発症した傷病等が業務等とどの程度関係があるのか（業務起因性があるか），ということによって判断されるのである。

過労死，という言葉が使われるようになって久しい。過労死とは法律で「業務における過重な負荷による脳血管疾患若しくは心臓疾患を原因とする死亡」と定義されている（過労死等防止対策推進法２条）。つまり，もともと脳血管疾患や心臓疾患などの基礎疾患がある人に，過重な業務が加わったことで死亡したという状態をいう。

しかし考えてみると，脳血管疾患や心臓疾患は生活習慣病の１つに数えられ，生活習慣病は文字通りその人の生活習慣に根ざした疾患である。そして，過労死で亡くなった人の多くは働き盛りの人であり，働き盛りの人の中には生活習慣病を抱えている人がたくさんいる。そうすると，脳血管疾患等で亡くなった労働者が労災にあたるかどうかを判断することは難しくなる。

例えば，死亡する脳血管疾患のラインが10だとする。生活習慣病に起因する要因が10だとすれば私傷病であるし，業務に起因するものが10だとすれば業務上災害となるだろう。しかし，生活習慣に起因するものが５で業務に起因するものが５であればどうであろうか。生活習慣を改めずに本人に起因するものが８になっているときに，会社も気にして仕事量を減らして２になっていた場合はどうであろうか。そもそも亡くなった本人のラインが10であるかどうかはわからないし（12かもしれないし，８かもしれない），８とか２とか本当に数値で表すことができるのだろうか。

そこで，現在の認定基準では①対象となる疾病を限定し，②おおむね６か月程度の長期間の疲労の蓄積を業務による明らかな過重負荷として評価し，③特に短期間（１週間程度）に日常業務よりも過重な業務があればそれも評価基準とする。その場合には単に労働時間だけでなく，その業務が日常的に精神的緊張を伴うものかどうか，深夜業や交替制勤務のような過重な身体的負荷がどの程度あるのか，といった事情も加味される。

(3) 過労自殺

業務における強い心理的負荷による精神障害を原因とする自殺による死亡を過労自殺という。仕事が原因で死を選ばなければならないというのは大変に痛ましいことであり，絶対に起こしてはならないことである。

しかしここで考えてみると，自殺は本人が選んだ結果だ，という冷たい事実である。この場合でも社会保障制度である労災保険制度で自殺を給付の対象とすべきなのだろうか。もしも自殺を正面から手厚い給付の対象とするならば，その制度があることで自殺を選びやすくなってしまうのではないか，思いとどまってもらうためには自殺を給付の対象とすべきではないのではないか，という意見があるだろう。当初，労災保険給付ではそのような考え方の下で，自殺を保険給付の対象とはしてこなかった。

それでは遺族が報いられない。もちろん遺族が会社を訴えることもあるだろうが，それもすべてではないし，訴えが認められるとも限らない(仕事について多くの情報を握っているのは会社であるから，裁判では遺族が不利になりがちである)。そこで着目したのが，自殺が「本人が選んだ結果」といえるのかどうか，ということだ。つまり，業務によって精神障害を発症し，その精神障害の症状として自殺を選ぶのであれば，業務と自殺との間に業務起因性を認めることができる。このようにして過労による自殺を労災保険給付の対象としてきたのである。

業務と精神障害との間に因果関係を認めるかどうかについて，次の3

つの判断基準が用いられる。つまり①認定基準の対象となる精神障害を発症していること，②認定基準の対象となる精神障害の発病前おおむね6か月間に「業務による強い心理的負荷」が認められること，③業務以外の心理的負荷や個体側要因により発病したとは認められないこと，である。つまり,「強い心理的負荷」があったかどうかが判断の大きな要素となる。

問題になる心理的負荷は，ある負荷について同種の労働者が一般的にどう受け止めるかによって判断される。この場合の「同種の労働者」とは，職種，職場における立場や職責，年齢，経験などが類似する人のことをいう。

（4）通勤災害

通勤災害が認められるかどうかは，住居と就業の場所との間を，合理的な経路および方法で往復している間に遭ったものかどうかによって決まる。「合理的な経路」というのは会社に届け出た経路だけでなく，一般的に考えられる経路が複数あるときはいずれも合理的とされる。「合理的な方法」というのは，いつもは自転車で通勤するのに雨が降っているときにはバスで通勤するような場合で，複数の方法があってよい。

問題は寄り道である。合理的な経路を逸脱したときや中断したときは，その間の移動を通勤とは考えない。たとえば，帰宅途中に居酒屋に入って飲食した場合，その後の経路は通勤ではない。しかしそれも程度問題で，帰宅途中のスーパーでの日用品の買い物やごく短時間の休憩などは通勤にあたるとされることがある。

働き方の変化は通勤災害のあり方にも変化をもたらした。複数の仕事を掛け持ちしているマルチジョブホルダーの場合，1つの仕事が終わってもう1つの職場に移動することがある。かつて，この場合には「就業」

と「就業」の間を移動するのであるから，通勤の定義に該当せず，その間に事故に遭っても通勤災害給付がなかったのである。そこで法改正をして，就業から就業の間の移動も通勤に含めることにした。また，単身赴任をしている人が，週末仕事が終わってから家族の元に帰り，月曜日の朝に家族の元から出勤するような場合は，家族のいる家庭が「住居」に該当しないから通勤災害にならなかった。これも法改正により，現在はいずれの移動も通勤に含めることになった。

４．労災補償の課題

（１）働き方の変化と労災補償

労災保険制度ができた頃は，使用者が負担すべき災害補償責任を保険にするという考え方が時代にマッチしていた。この頃は使用者と労働者がはっきり分かれていて，だれが，どのような費用をどの程度負担すべきか，が明らかだったからである。

しかし，産業構造が進化すると作業方法が改善され，労災事故も少なくなっていった。労災保険制度は労災事故の減少に寄与したし，被災した労働者とその遺族の生活保障に労災保険は機能を果たした。

ところが近年の働き方は変わりつつある。正社員が家族を守るという昔ながらの働き方がなくなったわけではない。しかし，そうでない働き方もまた一般的になっている。問題は，多様化する働き方が広がる中で，非正規労働者を十分にカバーできているかということにある。もともと労災保険は非正規労働者も当然の対象にしてきた。しかし近年の働き方は，それでカバーできない人を作り出している。たとえば，専属的な独立自営業者のような場合である。

もっとも労災保険の適用を受けるのは，ある特定の会社からの損害賠償を受ける立場にあるからだけではなく，労災という産業全体の被害者として救済されるべき立場にあるからだとも言える。そうだとすると，だれを労災保険の対象とすべきかについては，原則論に立ち返って考え直す時期にあるのかもしれない。

(2) メンタルヘルス対策と労災補償

労災保険は損害賠償の制度である。損害賠償は常に事後的であるので，何か事故などの問題が生じたときに救済するシステムである。ただ，救済システムがあることで，当事者にとってできるだけリスクが発生しないような予防策を講じることが期待されてきた。そして保険料のメリット制や二次健康診断等給付を通じて，保険事故ができるだけ起こらないようにしてきた。

しかし言うまでもなく，労災はお金をもらえればそれでよい，というものではない。問題が起こらないよう，事前に十分な予防をしておくことがもっとも望ましいのである。この問題が先鋭化したのが，職場におけるメンタルヘルスの問題である。

メンタルヘルスの悪化は，それが増長してしまうと労働者を死に至らしめる。死に至らなくとも仕事に支障を来し，会社にとっても本人の生活にとっても不幸な出来事になる。しかし近年のストレスフルな社会においては，予防することもなかなか難しい。もちろん企業も職場のストレス対策を講じているし，国も対策をとっている。しかし，仕事に関連するストレスは仕事そのものと職場の人間関係に還元されるのではなく，将来の見通しであったり私生活上の複雑な出来事によってもたらされる，個別的で複雑なことの集まりである。そうすると，国としてここまでやっておけばよい，会社はこのような対策をとれば労働者のメンタルヘルス対策として万全である，ということがない。この点に特効薬はなく，深刻な問題である。

学習課題

1．業務上災害による給付と，業務外による場合でどのような違いがあるかまとめましょう。
2．労災保険の財源はなぜ使用者だけが負担するのか説明しましょう。
3．過労死と過労自殺の労災認定について説明しましょう。

参考文献

西村健一郎・朝生万里子『労災補償とメンタルヘルス』（信山社，2014年）

10 地域の暮らしと介護

《目標&ポイント》 高齢期の医療は，その内容や程度，負担の方法において，若年期の医療とはまったく異なる。それに医療行為が終わっても日常生活を送るのに支障が出る場合がある。高齢社会において高齢者の介護はますます重要な問題になっていく。そもそも高齢者の介護は誰がどのように担うべきであろうか。介護が不足すると日常生活を送ることができないし、過剰な介護は高齢者の日常生活能力を低下させるかもしれない。また，高齢者の介護と障害者の介護とは何がどのように異なるのであろうか。この章では、高齢者と障害者の介護に関する制度について学習する。
《キーワード》 高齢者医療，財政調整，後期高齢者医療制度，要介護認定，自己負担，自立支援給付

1．高齢者医療制度

（1）高齢者医療の特徴

ここまで見てきたように，日本の医療は仕事に関係がある傷病については労働者災害補償保険が，私傷病については社会保険医療か生活保護の医療扶助の仕組みで運営されていることがわかった。その中でも医療保険制度が中心であり，多くの人が対象となっている。

医療保険制度は，職域保険と地域保険から成り立っている。多くの人は会社などで働いているが，その間は協会けんぽや健康保険組合，共済組合の被保険者となる。被保険者に扶養されている配偶者もその対象となる。そして，賃金を得ている間はそこから保険料が天引きされ，それと同額の事業主負担も医療費の重要な原資になっている。また，働いて

いる間は比較的健康状態が良いので，多額の医療費を必要とすることは多くない。

これに対して，定年などで仕事を辞めた場合はどうなるだろうか。この場合には協会けんぽや健康保険組合など被用者保険の適用を受けなくなるので，国民健康保険に加入して新たに保険料を負担しなければならない。そして国民健康保険には被扶養者という考え方がないので，会社で働いていた間に保険料を負担せずに済んだ配偶者分の保険料を納付しなければならなくなる。それなのに会社などを退職した高齢者は，若い頃に比べると病気がちであり，医療機関の受診率や入院率も増すことから医療費がかさむ。そうすると，国民健康保険はそれまで会社などで働いてきた高齢の退職者とその配偶者の医療費を負担するという構造的な赤字を抱えることになる。

もっとも，退職した人のすべてが国民健康保険に加入するのではなく，一部は退職者の子どもによって扶養されるから，子どもが加入している健康保険の被扶養者になることもある。しかしそのケースはそれほど多くない。したがって，若い頃とは疾病構造や診療行動が大きく異なる退職者の医療費をだれがどのように負担するのが公平か，ということが問題になる。

（2）前期高齢者の医療

一口に高齢者と言っても，どのような病気を持っているかなど，医療や介護との関わり方は人それぞれである。複数の疾病を発症しやすくなり入院比率や長期療養比率が高まって自立した生活を送ることが難しくなるかどうかで分けるとすると，75歳が1つの分水嶺となるというのが人口学や保健学の知見である。一般的な職業生活からの引退時期である65歳が高齢期の始まりとすると，65歳から74歳を前期高齢者，75歳以上を後期高齢者と呼ぶ。

前期高齢者の医療費は，原則通りに退職者については国民健康保険で，子に扶養される場合は健康保険等の被扶養者で対応され，保険料などの費用負担もそれぞれの制度のルールに従う。それでも若い頃と比べると医療費がかかるので，国民健康保険に偏在している前期高齢者の費用をどのように負担するかが問題になる。

国民健康保険や協会けんぽ，そして健康保険組合では前期高齢者が占める割合が異なる。占める割合が高い制度では１人あたりの保険料負担も高くなってしまう。そこで，各制度に全体の平均だけ前期高齢者が加入しているものと仮定して，前期高齢者に係る費用を出してもらう財政調整が行われる。健康保険組合を設立している会社からすると，会社のOB の医療費を出し合うような仕組みである。その結果，協会けんぽや健康保険組合の被保険者が納付する保険料には，自分たち被保険者と被扶養者が使う医療費以外にも，退職者の医療費も含まれていることになる。

なお，前期高齢者の一部負担金は，65 歳以上 70 歳未満では 65 歳未満と同じ３割である。そして 70 歳から 74 歳の者については２割であるが，この年齢でも現役並みの所得のある者は３割となっている。

（3） 後期高齢者の医療

75 歳以上の後期高齢者は，年齢で区切った１つの医療保険制度に加入する。つまり，それまで加入していた国民健康保険の被保険者や健康保険の被扶養者から外れ，個人単位で後期高齢者医療の被保険者となるのである。

後期高齢者医療保険の保険者となるのは，公法人が運営主体となる後期高齢者医療広域連合である。この広域連合はすべての市町村が参加して都道府県単位で設立され，保健医療計画などを定める単位と一致しているので，医療供給と医療費の都道府県化が進むことになる。

後期高齢者医療制度の財源は，その50%が公費で，74歳以下の人が加入する各保険者からの支援金が40%，残りの10%が75歳以上の人が納付する保険料によって構成されている。各保険者から見ると，自分たちの被保険者と被扶養者が使用する医療費のほか，前期高齢者にかかる財政調整の負担，後期高齢者への支援金も負担しなければならず，人口高齢化と医療費の高騰の影響を受けることになる。この負担は増える一方であり，健康保険組合などでは自分たちが使用する医療費に匹敵する程度の高齢者医療の負担を強いられることについて不満が出ることがある。

もっとも，後期高齢者自身も後期高齢者の保険料を負担する。年金制度が整備されているから，負担能力がある高齢者にも社会保障の費用をできるだけ負担してもらうことで現役世代との公平を確保しようという趣旨である。しかし現実には負担能力がない人も多いので，その負担は低く抑えられてきた。それには限界があり，現役世代の人口減少に伴う影響を後期高齢者も分担するという趣旨から，2年ごとに引き上げられることになっている。

後期高齢者医療保険の保険給付内容は，健康保険や国民健康保険と同じである。療養の給付に係る自己負担は1割で，現役並み所得者は3割である。もっとも，一部負担金を支払うことが難しい人については，広域連合が一部負担金の減免を行うことができる。

保険料については国民健康保険と同じような方法を採用している。つまり，応能割と応益割で構成され，低所得者については応益割の軽減措置が取られる。保険料徴収方法は，75歳以上の人の多くが年金を受給していることから，年金から天引きする特別徴収によることが一般的であり，年金額が低い場合（年額 18 万円未満）には個別に徴収する普通徴収が行われる。

2．介護保険の基本的な仕組み

（1）高齢者介護の特性

1）　医療と介護

病気やけがの治療は医療が担当する。医療の究極の目的は健康な状態になることだが，現代医学では身体上または精神上の障害が残ることは避けられない。身体上または精神上の障害があるため，入浴，排せつ，食事等の日常生活における基本的な動作の全部または一部について，相当程度の長期間にわたり継続して，常時介護を必要とする状態を要介護状態という。そして要介護状態になれば，医療だけでなく介護サービスもまた必要となる。

要介護状態の多くは病気やけがが原因となって生じるし，継続的な治療と日常生活の支援の両方を必要とするものも少なくない。そして，どこまでが医療の領域で，どこからが介護の領域であるのかを判断することも難しい。たとえば，機能障害によって嚥下（飲み下すこと）が難しくなっている人の痰の吸引は，医療だろうか介護だろうか。そして，このような状態は，日常生活動作に制約があるという意味では障害の概念にも近い。このように見てくると，高齢者の介護もまた，医療や障害者福祉と密接に関連しているということがわかるのである。

2）　予防と支援

しかし介護が医療と異なるのは，本人の努力が重要だということである。医療でも生活習慣病のように本人の努力が重要になることもあるが，介護は本人の持っている能力を維持することが重要である。持っている能力を無視して介護するとなれば，自分でできることができなくなってしまう。そこで，できるだけ自立した生活を営むことができるよう，それを支援していくことが介護の大きな役割になる。その内容には要介護者本人が自発的なリハビリテーションを続けることができるよう，生活環境を整備することも含まれる。

生活環境の整備はすでに要介護状態になった人にだけ重要なのではない。要介護状態にならないよう，介護を予防するための措置もまた重要である。この措置は医療や介護だけで完結するのではなく，住まいや食事，対人関係などの社会生活といった地域づくり一般に通じることなのである。

（2）高齢者介護のあゆみ

1） 介護保険制度の前夜

このような高齢者の介護を社会はどのように担ってきたのだろうか。平均寿命が短かった時期は，職業生活を引退する時期と死亡する時期が近接していたので，高齢者介護が問題化することはなかった。医学の発展によって平均寿命が延びた時期も，当初は家庭内の扶養で介護されることがあった。何よりも，疾病を抱えた高齢者が病院に入院して事実上介護を受けるという形をとり，医療機関が介護を担うことが少なくなかった。そして，家族としても年老いた親が入院していることで安心感を得ることができたし，世間体も問題にならなかった。それに加えて老人医療費の自己負担が安く抑えられていたので，費用負担もあまり問題にならなかったといえる。

しかし医療機関が高齢者の介護を担うのは，高齢者自身が持っている残存能力を発揮させる点でも，医療費の面でも望ましくなかった。それでも，高齢者の医療と家庭内介護以外の制度としては，低所得者対策としての措置制度くらいしかなかったのである。人口高齢化，とりわけ団塊の世代が高齢者になる頃には，医療・私的扶養・低所得者中心の介護から高齢者の介護を社会全体で支える仕組みが必要とされた。

2） 高齢社会における介護の一般化

そこで1980年代後半から高齢者介護問題が議論された。日本の社会保障制度が年金や医療保険といった，保険料の負担と給付の対応関係が明確な社会保険制度を中心として成立発展してきたことが成功したと評価され，介護も社会保険で行うべきだという議論になった。折しも1994年には日本の医療保険制度の手本となっていたドイツで介護保険制度がスタートしたこともあって，日本でも2000年から介護保険制度を開始することにした。

それまでの高齢者介護は行政の措置によって行われていたので，サービスの供給量が不足していただけでなく，どのようなサービスを受けるか選べる仕組みではないという問題があった。介護保険は，介護サービスの供給を増やすために民間事業者を積極的に参入させ，問題が起きたら規制をすることにした。そして介護サービスを受ける人は，保険料を払った見返りに，自分が必要とするサービスを選んで介護を受けられるとした。ちょうどこれは医療保険と同じような関係である。

制度の開始当初は，混乱を極めた。しかし人口高齢化の進行，制度の普及とともに対象者数は増大していき，現在は制度発足時に比べると要介護認定者数で約3倍，給付費も3倍程度と大きなものになり，安定的に運営されるようになっている。

（3）介護保険の保険関係

1） 保険者

社会保険制度の保険者は，歴史的な産物であった。つまり，医療保険にみられるような地域共同体や職場の連帯が保険化した場合にはそれらが保険者となるし，年金制度のような国家単位の仕組みであれば国が保険者となる。介護保険はもともと連帯がない事柄に関して保険を作ったから，ある程度自由に発想することができた。そこで介護保険の保険者をどうするかということを考えなければならなかった。

介護保険の主たる対象は要介護の高齢者である。障害者を含めるかどうかの議論があったが，少なくとも制度発足時には高齢者を中心として運営することにした。そうすると，すでに退職した高齢者が被保険者の中心になるので，医療保険のように職域保険と地域保険を併存させることができない。そこで国が一元化して行うべきか，それとも地方自治体が保険者となるべきかが問題になった。保険が大数の法則に支配されていることからすると，国が保険者になることが望ましいかもしれない。しかし，1980年代以降，保健・医療・福祉サービスについては住民にもっとも身近な基礎自治体である市町村に集約しようという政策の動向もあり，介護保険については市町村が保険者となるのが最適だということになった。

介護保険の保険者が市町村になると，確かに地域住民にとっては相談しやすいし，制度の小回りがきくという利点がある。しかし規模が小さく財政基盤が脆弱な市町村が運営する難しさがつきまとうし，新たな保険料徴収業務などの点で多くの課題が生じた。そこで，国や都道府県，年金や医療保険の保険者も介護保険の実施に協力することにして，小規模の市町村では広域連合での共同事業として行うことができることにしたのである。

2）　被保険者

介護保険に加入しなければならない被保険者を誰にすべきであろうか。これには3つ考えられる。つまり，①医療保険と同じように年齢を問わずに全員が加入する国民皆保険にする，②国民年金と同じように20

歳以上の者にする，③加齢に伴う介護リスクが現実化する一定年齢以上の者に限定する，というものである。

①の場合，若年者が保険料納付義務を負うのに要介護状態という保険給付のリスクが発生する可能性が極めて少ないので，大多数の若年者は費用を負担するだけになってしまう。そうすると未納の問題を避けることができない。②の場合もその程度問題になるが，未納問題だけでなく，給付対象となるのが障害者介護を含むべきかどうかの議論を済ませる必要がある。そこで，加齢に伴う介護のリスクが現実化する，あるいは実感することができる③が採用された。そこで，加齢に伴う介護リスクを実感することができる年齢を何歳にすべきかについて議論が分かれたが，それまでの老人保健制度で生活習慣病対策をすべき高齢者予備軍として位置付けられた 40 歳以上の者については，自身の親の世代の介護問題が現実化していることも手伝って，介護保険の被保険者になることにした。

そうは言っても 40 歳代で自分自身の介護問題のために保険料を新たに納付することのしくみを作ることは難しい。そこで考えられたのが，医療保険における国民皆保険制度である。

つまり，40 歳以上の者から新たに保険料を徴収するとしても，介護保険の保険料として徴収するのではなく，医療保険料に介護保険料を上乗せしてから一括して納付すれば簡便であるし，未納問題も防げるということである。

この結果，介護保険制度の被保険者は表 10 － 1 のように整理された。

この表からわかるのは，65 歳以上の第 1 号被保険者に対して 40 歳以上 65 歳未満の第 2 号被保険者にはいくつかの条件が付されているということである。1 つは，第 2 号被保険者は医療保険加入者に限られているということである。これは保険料の徴収を医療保険者に委任した結果

表10－1　介護保険の被保険者（筆者作成）

	対象	保険料徴収方法	保険給付の対象者
第1号被保険者	市町村の区域内に住所を有する65歳以上の者	年金から天引き（特別徴収） 市町村が個別に徴収（普通徴収）	要介護者 要支援者
第2号被保険者	市町村の区域内に住所を有する40歳以上65歳未満の医療保険加入者	健康保険：事業主が健康保険料に上乗せして納付 国民健康保険：世帯主が国民健康保険料（税）に上乗せして納付	加齢に伴う特定疾病により生じた要介護者 加齢に伴う特定疾病により生じた要支援者

であるが，国民健康保険などに加入しない生活保護を受けている世帯に属する者については，介護保険にも加入しない。この場合に介護が必要となれば，生活保護の介護扶助から介護保険と同等の介護サービスが支給される。

もう1つ異なるのは，第2号被保険者が給付を受けることができるのは「加齢に伴って生じる」特定疾病によって発生した要介護状態・要支援状態に限られているということである。これは，介護保険制度の目的が「加齢に伴って生ずる心身上の変化に起因する疾病等」によって要介護状態となったときなどに給付をするということと関係している。この特定疾病には医師が回復の見込みがないと判断したがん，関節リウマチ，筋萎縮性側索硬化症（ALS）など16の疾病が指定されている。

（4）介護保険の財政

1）　財源構成

介護保険の財源は，①公費（税金）と②保険料，③利用者の一部負担金によっている。一部負担金を除いた財源構成は①公費 50%（国 25%，都道府県 12.5%，市町村 12.5%），②保険料 50%（被保険者数の割合に応じて第 1 号被保険者 23%，第 2 号被保険者 27%）である。

2） 保険料

介護保険の保険料は，第 1 号被保険者と第 2 号被保険者で異なる。

第 1 号被保険者の保険料額は 2 つの方法で決定される。第 1 が，市町村によって異なる保険料額の基準を決める方法である。基準となる保険料額は全国平均でおおむね毎月 5,000 円程度であるが，2015～2017 年では最も低い市町村で 2,800 円，最も高い市町村では 8,600 円程度で倍以上の格差があった。自治体における介護ニーズや供給体制，所得水準など自治体によってさまざまな事情があるから，保険料額の高低だけを論じるのは適切ではないだろう。第 2 の決定方法は，同じ基準額であっても所得に応じて保険料額を変えるというものである。社会保険が強制加入を採用し，リスクに比例しない応能負担を採用することはこれまでも見てきたとおりである。第 1 号被保険者の保険料は，本人の所得に応じて，基準額に 0.5 倍から 1.7 倍を掛けて得られた金額になっており，低所得者でも完全なゼロにはならない。なお，保険料を滞納したときには，保険給付の一時差止めや給付の減額などの措置がとられる。

第 1 号被保険者は 65 歳以上であるから，老齢年金などを受給している人が大半である。そこで，介護保険の保険料は年金から天引きする形で納付するのが一般的である。75 歳以上の後期高齢者医療保険の保険料と同じような方法である。

第 2 号被保険者の保険料は，必要となる保険料総額を 40 歳以上の被保険者が按分する方法で決定される。たとえば全国健康保険協会の場合，10%程度の医療保険料に加え，40 歳以上の被保険者は 1.5～1.6%程度の介護保険料を加えた額を労使で折半して納付することになる。な

表10－2　保険料算定基準（2018～2020年度）

段階	対象者		賦課率
第1段階	世帯全員非課税	生活保護受給者，老齢福祉年金受給者，本人年金収入等80万円以下	基準額×0.45
第2段階		本人年金収入等80万円超120万円以下	基準額×0.75
第3段階		本人年金収入等120万円超	基準額×0.75
第4段階	本人非課税・世帯非課税	本人年金収入等80万円以下	基準額×0.90
第5段階		本人年金収入等80万円超	基準額×1.00
第6段階	本人課税	所得金額120万円未満	基準額×1.20
第7段階		所得金額120万円以上200万円未満	基準額×1.30
第8段階		所得金額200万円以上300万円未満	基準額×1.50
第9段階		所得金額300万円以上	基準額×1.70

出所：厚生労働省資料より筆者作成

お，これは医療保険の保険料徴収ルールに従うので，40歳以上の被扶養者がいたとしても別途保険料を納付することはない。その一方で，国民健康保険の場合には全員が被保険者なので，40歳以上の被保険者数に応じて世帯主が介護保険料を納付することになっている。

（5）保険給付の手続き

1）　要介護認定

介護保険は医療保険と似ている点もあるが，異なる点もある。その1つが，介護保険を受ける資格があるか，あるとすればどの程度が最低限必要なのかを判断する，要介護認定という手続きである。

医療保険では，患者に医療が必要か，必要だとすればどの程度給付すべきかは，医師が専門的見地から判断する。もっとも診療報酬制度の枠

表 10－3　区分支給限度基準額

要支援 1	5,003 単位
要支援 2	10,473 単位
要介護 1	16,692 単位
要介護 2	19,616 単位
要介護 3	26,931 単位
要介護 4	30,806 単位
要介護 5	36,065 単位

出所：厚生労働省資料

内のことではあるが，患者にとって必要な医療はすべて保険診療で賄うべきだ，という合意ができているからである。

これに対して介護は事情が異なる。訪問看護(ホームヘルプサービス)が 24 時間されるべきか，それとも数時間でよいのか，客観的な基準がないので正確に決めることはできないだろう。日常生活の利便性のためにできるだけ多くのホームヘルプサービスがあるほうが望ましいと思うかもしれないが，それによって日常生活を自立して行う能力を低下させることは望ましくない。何よりも無制限に，あるいは寛大な給付があると，財源が逼迫して保険料を引き上げ続けなければならなくなってしまう。それでよい，と市民が判断すればよいのだが，やはり介護をしすぎることで自立する力をなくしてしまうという問題は残ってしまう。

そこで，介護保険の給付を受けるためには，まず保険者である市町村に申請して，介護保険を受ける資格があるかどうかを判断してもらうことにした。これを要介護認定という。要介護認定により，心身の状況に関する調査結果をもとに，保健医療福祉の専門家で構成される介護認定審査会で介護が必要か否か，必要だとすればどの程度か，が決定される。

決定の結果，介護が全く必要ない自立から，支援が必要とされる要支援1と2，介護が必要とされる要介護1から5（最重度）までに区分される。この要支援と要介護度数に応じ，介護保険から支給される限度額が決定される。この「単位」は医療における診療報酬とは異なり，1単位あたりの価格が地域によって異なる。人件費などは地域によって異なることがその理由である。

2）　ケアプランとケアマネジメント

要支援や要介護度に応じて支給限度額が設定されるとしても，それをどのように使うかは利用者に委ねられる。介護保険制度以前の措置制度ではサービスを選ぶことができなかったが，介護保険では自分が適していると思う介護を自分で選ぶことにした。しかし，自分が持っている力，つまり残存能力を生かしつつ，自分にもっとも適しているサービスを選ぶことは難しい。そもそも認知症の高齢者にとって自分でサービスを選ぶことは難しいし，そうでなくても利用できるサービスにどのようなものがあるかをすべて知っていて，自分に適しているものは何かを理解している人はあまりいないだろう。

そこで介護保険では，介護支援専門員という資格を持った人（ケアマネージャー）が利用者の委託を受けて介護の計画（ケアプラン）を作成し，関係機関との調整をはかり，その後もプランを変更しながら要介護者の相談調整の役割を担う。これをケアマネジメントという。これには利用者の負担がない。

要支援者に対しては，同じようなサービスが介護予防支援として，市町村に設置される地域包括支援センターで給付される。これも利用者の負担がない。

表 10 － 4　介護サービスの類型別の種類

<table>
<tr><th colspan="2"></th><th>福祉系</th><th>医療系</th><th>地域密着型</th></tr>
<tr><td rowspan="4">居宅サービス</td><td>訪問系</td><td>訪問介護
訪問入浴介護</td><td>訪問看護
訪問リハビリテーション
居宅療養管理指導</td><td rowspan="3">定期巡回・随時対応型訪問介護看護
夜間対応型訪問介護
認知症対応型通所介護
小規模多機能型居宅介護
小規模通所施設
複合型サービス</td></tr>
<tr><td>通所系</td><td>通所介護</td><td>通所リハビリテーション</td></tr>
<tr><td>短期入所系</td><td>短期入所生活介護</td><td>短期入所療養介護</td></tr>
<tr><td>居住系その他</td><td>特定施設入所者生活介護
福祉用用具貸与</td><td></td><td>認知症対応型共同生活介護(グループホーム)
地域密着型特定施設入居者生活介護</td></tr>
<tr><td colspan="2">施設サービス</td><td>介護福祉施設サービス</td><td>介護保険施設サービス
介護療養施設サービス</td><td>地域密着型介護福祉施設サービス</td></tr>
</table>

出所：田中耕太郎『社会保険のしくみと改革課題』放送大学教育振興会，2016 年。

（6）介護保険の給付

介護保険のサービスには，大まかに介護給付と予防給付がある。要介護者には介護給付が，要支援者には予防給付が支給される。両者で異なるのは，予防給付（要支援者）には施設介護が利用できないということであって，その他は同じ内容である。

表 10 － 4 に掲げたもののほか，福祉用具購入費や住宅改修費などが保険給付の対象となっている。

介護保険は住み慣れた地域で暮らし続けることを是とするから，居宅系のサービスメニューが多い。しかし施設を利用したいというニーズも相当高い。介護保険の施設には①介護老人福祉施設，②介護老人保健施設，③介護医療院の３種類がある。

①介護老人福祉施設は特別老人ホームとも言い，要介護高齢者のための生活施設であって，介護等の日常生活上の世話，機能訓練，健康管理および療養上の管理が提供される。現在は要介護度３以上の認定を受けた人だけが利用することができる。

②介護老人保健施設は，病院と福祉施設，あるいは入院と居宅生活の中間的な施設として位置づけられており，要介護者が居宅生活を送ることができるようにリハビリテーションが行われる。

③介護医療院とは，長期的な医療と介護のニーズをもつ高齢者を対象とする施設で，日常的な医学管理や看取り・ターミナルケアなどの医療機能と生活施設としての機能を兼ね備えた施設である。

（7）自己負担

介護保険サービスを利用した場合の自己負担は，受けた介護保険サービスの原則１割である。ただ，介護保険サービスを利用する高齢者の中には高所得者もいるので，一定以上の所得がある人については２割の負担を求めることにしている。その中でも特に所得の高い人については３割の負担を求める。

この自己負担は施設入所者も居宅生活者も同じである。しかし，居宅では自分で食費を負担しなければならないのに，施設における食事は介護保険から支給される。そこで施設入所者と短期入所者は，食費と居住費は自己負担になっている。これについて，低所得者は負担が少なくなるような措置が講じられている。

要介護度や世帯構造によっては，介護保険サービスを受けたときの自己負担が高額になって払いきれないので利用を抑制したり，費用負担に困ることがある。そこで医療保険と同じように，高額介護サービス費として，介護保険サービスの自己負担が毎月４万 4,400 円を超える部分については負担をしなくてもよい。

要介護者や要支援者が医療保険を受けていたら，同じように自己負担をすることになるが，医療保険と介護保険の自己負担額を合わせた額が一定額を超える場合には，負担を軽減するため，介護保険の高額介護サービス費と医療保険の高額療養費を合算して一定額以上を超える負担をしないことにしている。つまり，医療と介護の負担は合算され，一定額以上は支払わなくてもよいのである。

3．障害者の医療と介護

（1）障害者の定義

ここまで高齢者の介護を見てきたが，介護保険制度は加齢に伴わない要介護状態を対象としていない。若年の障害者は介護保険制度を利用することができないので，介護保険制度の被保険者年齢を引き下げて障害者も対象にすべきだ，という意見がある。それを考える前に，現在の障害者が利用することができる医療と介護について，その制度の仕組みを簡単に見ておこう。

なお，「障害者」ないし「障害」の標記について，その語感が差別的・排除的な意味合いが含まれているから「障がい」「しょうがい」「障碍」を使うこともあるが，本書では近年の障害学の知見から社会モデルとしての「障害」の語を使用する。

障害者の医療と介護を見る前に，障害者とはどのような人のことを言うのかを確認しておこう。法律では，障害者には身体障害者，知的障害者，精神障害者（発達障害者を含む），治療法等が確立していない疾病（難病）で療養を必要とする人とされている。このように，一口に障害と言ってもいくつかの種類があるし，１人に重複して発生している場合もあれば，その程度も人によってかなり異なっている。置かれた環境も異なっているし，たとえそれが似通っていたとしても何が必要で何を希望するか，人によってかなり異なっている。だから，障害者に対する医療や介護と言っても一般化することは難しいのだが，ここでは便宜上いくつか見ておこう。

（2）障害者の医療

1）　身体障害者の医療

身体障害者手帳の交付を受けた人で，その障害状態を軽減する手術等の治療によって確実に効果が期待できるものについては，自立支援医療が提供される。対象となる障害は視覚障害，聴覚または平衡機能の障害等，6種類に限定されている。これらの障害状態にある人が診察，薬剤または治療材料の支給，医学的処置，手術等を受けた場合，その自己負担が1割に軽減される。その高額な治療を長期にわたって継続しなければならないときは，さらに軽減措置が行われる。

2）　精神障害者の医療

精神障害者の医療は，在宅患者が通院して通常の外来診療を受ける場合と，医療保護による入院がある。入院には精神障害者本人の同意に基づいて入院する任意入院，自傷他害のおそれがあるときに都道府県知事等が入院させることができる措置入院等がある。

外来診療について，通院治療を受けている人に対してその費用を公費で負担する精神通院医療制度がある。これは保険診療における自己負担を軽減するもので，所得に応じて最大1割まで負担を軽減する（所得が一定以上の世帯は対象外となることがある）。この通常の外来診療のほか，日常生活や社会生活一般の機能回復を目的とした医療チームが策定した計画によって行われる集団精神療法，作業指導，生活指導等の精神科デイ・ケアがある。これも所得に応じて1割まで負担が軽減される。

3） 難病患者の医療

難病医療費助成制度の対象となっている指定難病として300程度の疾病が指定されている。難病患者の医療に係る自己負担割合は2割であるが，それには上限がある。上限額は受診した複数の医療機関での自己負担をすべて合算した上で，所得と疾病の特性（治療費が高額かつ長期にわたるかどうか）によって異なっている。たとえば，一般的な所得階層で一般患者の場合には毎月1万円が上限となり，人工呼吸器等装着者については所得にかかわらず1,000円が上限となる（生活保護の利用者は負担しない）。

（3）障害者の介護

1） 障害者介護の利用方法と利用量の決定

障害者の介護に要する費用は介護保険などの社会保険制度を利用しない。全額が公費であり，国が2分の1，都道府県と市町村が4分の1ずつを負担している。よって，障害者の介護サービスの利用（自立支援給付）は，公費と保険料を財源とした高齢者の介護保険サービスを利用するのとかなり異なっている。

障害者のサービス利用希望者は，市町村または特定相談支援事業者に相談して利用申請をする。特定相談支援事業者というのは障害者の申請前相談から申請支援，サービス利用計画の作成，見直しなどを行う事業者である。利用申請を受けた市町村は認定調査を行い，障害支援区分の一次判定を行い，医師の意見書等に基づいて二次判定が行われる。この点は介護保険の要介護認定に似ている。

介護保険と異なるのは，決定された障害支援区分（1から6区分または非該当）がそのまま支給量とはならないことである。市町村は，障害支援区分や申請者および介護者の状況などを勘案してサービスの支給量やサービス内容を決定する。これをもとにして申請者は特定相談支援事業者と相談して事業者との間でサービス利用の契約を締結する。

2）サービスの種類

障害者介護の給付内容は，居宅介護（ホームヘルプ），重度訪問介護，同行援護，行動援護，重度障害者等包括支援，短期入所（ショートステイ），生活介護，障害者支援施設での夜間ケア等になっている。

3）利用者負担

障害者が介護などのサービスを受けた場合，誰がその費用を負担すべきであろうか。1つの考え方としては，憲法で定められた基本的人権を享有するために必要な費用であるから，個人に負担させるのではなくて国が全額を負担すべきとも言える。いわば，ゼロをプラスにするための費用ではなく，マイナスをゼロに戻すための費用だからである。そうだとすれば応益負担ではなく応能負担が適している。しかし現在の制度はそうなっていない。利用者が受けたサービスの一定額を自己負担することになっている。

障害者が受けたサービスの量に応じて，負担が決定される応益負担が採用されている。それには上限が設定されており，上限額は所得に応じた応能負担で設定されている。低所得者が医療型入所施設や療養介護を利用する場合には，負担上限額が個別に設定される。食費や光熱費は低所得者でも負担しなければならないが，生活保護の利用者などはこれらの実費負担が所得に応じて軽減される補足給付が行われている。このように，応益負担を原則としながらも，事実上は応能負担になっている。

4）介護保険との関係

介護保険と障害者福祉サービスは，文字面だけ見ていると同じように思えるかもしれない。確かにいくつかは共通することもあるが，実際にはその内容は大きく異なっている。介護保険では65歳以上の人は特定疾病でなくても介護保険による給付を受けることができるが，特定疾病によらない障害状態にあって障害者福祉サービスを受けている人が65歳になったとき，その給付はどのようになるのか。

介護保険と障害者福祉サービスの両方に共通するサービスについては，保険料を払った見返りとして介護保険からの給付を受けるのが原則である。ただ，この２つは給付の目的・内容・事業者が異なっているから，必要に応じて障害者福祉サービスを受けることができる。施設サービスでも必要性があると認められる場合は，障害者施設への入所（または通所）が認められる。もちろん，障害者福祉サービスにあって介護保険にないサービスについては引き続き障害者福祉サービスを受けることができる。たとえば，在宅サービスのガイドヘルプサービスなどがこれにあたる。

学習課題

1．あなたが住んでいる市町村の介護保険料の基準額がどのように推移してきたのかを調べた上で，実際にどの程度負担するようになるのかを考えましょう。
2．介護保険と障害者の自立支援給付の違いをまとめましょう。

参考文献

二木立『地域包括ケアシステムと福祉改革』（勁草書房，2017年）
蒔田備憲『難病カルテ―患者たちのいま―』（生活書院，2014年）

11 老齢期の年金とその財政

《目標&ポイント》 加齢とともに稼働能力が低下して収入が減ったり，定年により職業生活からの引退を余儀なくされることがある。このような場合の所得保障として機能しているのが公的年金制度である。日本の高齢者の生計の手段は，多くが公的年金に依存している。公的年金制度は幾度となく改正を経てきたが，少子高齢化の進展にあってその持続可能性を疑問視する声も大きい。本章と次章では，公的年金制度の意義とその持続可能性について考えることにする。
《キーワード》 長寿リスク，賦課方式と積立方式，基礎年金，厚生年金

1．なぜ公的年金制度が存在するか

(1) 予期しうる老齢リスク

職業生活から引退すると，当然ながら賃金を得ることができなくなる。では，職業生活から引退してから死亡するまで，どのようにしたら生計を維持することができるであろうか。

もしも公的年金制度がなければどのようになるのかを考えてみる。職業生活からの引退はだれもが予想できることなので，事前に準備することができる。その準備には，①自らの子孫に養ってもらうという方法と，②本人が職業生活を営んでいる間に貯蓄をしておくという方法がある。では，これらは可能であろうか。

(2) 私的扶養

かつての日本社会では，職業生活を営む者が子を養育し，それと同時に引退した親と同居して扶養することが一般的であった。そして，子を養育して親を扶養した者が老いて引退したときには，職業生活に入った子が引退した親を扶養するという，私的扶養の順送りが行われた。

これを可能にするためにはいくつかの条件があった。まず，職業生活を営む者が子孫を残す可能性である。そのためには職業生活を営む者が出産適齢期以前に婚姻して子を産むことが一般的でなければならない。そして生まれた子が老親を扶養できるまで生存することが必要になるので，医療環境が整備されていることも重要である。乳幼児死亡率が高いのであれば，多くの子を出産しなければならない。幸運にして子が成長して職業生活を営むようになっても，老親を扶養することができる程度の所得を得る可能性を考えなければならない。

これらの条件はこんにち，もはや一般的でなくなった。多くの子を出産するのも，現役世代が高い賃金を得続けることも難しくなっている。

このように見てくると，少子化によって親を扶養すべき子が少なくなり，子がいても扶養する能力を備えることが困難な今日では，私的扶養で高齢期の生活のお金を賄うことは難しいだろう。

(3) 貯蓄

それでは高齢者本人が若い頃から貯蓄して備えることができるか，を考える。これには，①どの程度の貯蓄をする必要があるのか，ということと，②高齢期の生計を維持することができるだけの貯蓄をするために，生産年齢にある時期にどの程度現実に貯蓄をすることができるか，という問題に分けて考える必要がある。

まず①についてみると，現在 20 歳男性の平均余命は 81.45 歳，女性のそれは87.57歳とされている。引退年齢を男女とも65歳とすると，男性は16.45年，女性は22.57年の老後の生活があることになる。高齢者1人あたりの平均所得は211.6万円となっているので，必要となる貯蓄額は男性3,480万円，女性4,776万円となる。したがって，就職して（22歳）から退職（65歳）するまでの43年間で毎月，利息を計算しなければ男性は毎月67,441円，女性は毎月92,558円を貯蓄しなければならないことになる。日々の生活をしながらこの金額を毎月欠かさず貯金することができるだろうか。つまり，自らの老後を貯蓄だけに依存することは現実的ではないということになる。

（4）予期し得ない長寿リスク

この算定方法は，自らが平均余命まで生存した場合だけを考えている。しかし，人は自分がいつまで生きるのか正確に知ることはできない。さらに，今の1万円と数十年後の1万円が同じ価値か，というインフレリスクも考慮していない。このように，長寿のリスクと経済のリスクに，貯蓄は対応しにくいのである。

それでは国が行う公的年金ではなくて，私的に保険会社などと契約して老後の生活に備えることができるのであろうか。これならば単純な貯蓄とは違って，短命の人と長寿の人との間でリスクを分散させることができるし，払い込んだ保険料を保険会社が運用することでインフレのリスクをある程度減らすこともできる。

しかし，民間の保険会社に加入するかどうかは任意である。加入したいと思う人は現在の生活にゆとりがあって将来に不安がある人であろう。現在の生活に困っている人は将来が不安であっても加入することができない。そうするとどうしても加入できなかった人が生活保護に頼ることになり，増税が必要になるかもしれない。

日本の生命保険は，外国のそれに比べると終身年金が好まれる。しかし生命保険は貯蓄にリスク分散を加味した制度を基本にしているので，想定を超えた平均余命の伸びがあると受取額が下がることになるし，物価が想定外に上昇すれば老後の生活費が目減りすることになる。つまり，長寿リスクは年金額の低下をもたらすのである。

これに比べ，公的年金は終身年金であり，物価上昇に応じた実質的な価値を一定程度維持する仕組みが採用されている。これを可能にするのは，その時々に必要な年金の原資を被保険者から徴収するという賦課方式（若い人から高齢者への仕送り方式）を採用しているからである。さらに，公的年金は政府が保険者となって運営しているため，市民を全員強制加入させることができる。これによって市民全体の高齢期の不安を取り除き，市民すべてに安心を提供し，社会の安定に寄与することになる。

（5）年金制度の規模

現在の高齢者1世帯あたりの平均所得は308.4万円で，そのうち65.4％が公的年金・恩給（かつての軍人・官吏に対する制度）で賄われている。そして公的年金・恩給を受給している高齢者世帯のうち，54.1％は年金収入だけで生活している。

年金制度は国家予算でも大きな位置を占めている。年金支給額は50兆円を超え，名目GDPの約1割にあたる。地域によっては公的年金による消費が家計消費の4分の1を占めるところもあり，公的年金抜きに地域経済を語ることができなくなっている。そもそも年金の積立金は150兆円を超えており，日本経済の行く末を握っているともいえる。

このように，公的年金制度は高齢者の生活を支えるだけでなく，国民経済の安定にも不可欠の制度となっているのである。

2．年金制度の基本的な形

(1) 年金制度の全体像

年金制度は，働けなくなった場合に備えて保険料を納付し，働けなくなった場合に給付を受ける制度である。市民が安心して生活するためには，できるだけ多くの人を年金制度の対象にしなければならない。そこで，日本に居住している20歳以上60歳未満の人は，必ず年金制度に加入しなければならないことになっている。これを国民皆年金といい(「国民」とはいうものの一定の居住要件を満たせば外国人も加入しなければならない)，諸外国に見られない日本の年金制度の特徴である。

市民すべてに支給される年金は，生活できる程度を保障することが望ましい。しかし,生活できる水準というのは人によってさまざまである。そこで国家が国民にある程度の生活を維持することができるよう，決まった年金額を保障することがある。このように決まった年金を受給するためには，誰もが同じ額の保険料を払うことが公平である。イギリスの年金制度は当初「均一拠出・均一給付」で発足した。日本の場合はこれを基礎年金といい，国民年金法で管理している。そして均一給付の年金額は，最低限度の生活を送ることができる程度の水準に設定された。

働けなくなったときの生活水準は最低限度でよい，というわけにはいかないであろう。人は働けなくなったからといって生活水準を急に落とすことは難しいのである。そこで，収入に応じて一定割合の保険料を納付し，納付した保険料に比例して年金を受けることで働いていたときの一定水準の生活を維持することができる仕組みを採用することがある。ドイツの労働者年金保険制度がこのさきがけであった。日本ではこれを厚生年金保険制度が担っている。

(2) 年金制度のはじまり

高齢期の所得を保障するための年金制度が存在していないので，これからその仕組みを作る，と仮定してみよう。ここで登場するのは国家と企業である。国家は，国務を遂行する上で必要となる人々の引退後の生活を守る制度が必要になり，官吏（軍人など）の恩給制度を作る。そして，企業は優秀な労働者を確保して安心して働いてもらい，収益を最大化することが望ましい。そこで，企業が労働者１人１人の退職後のために積立貯金をして，そこに労働者本人も賃金額に応じた積立金を納付する。これは退職金として一時金で支払ってもよいが，定期的に支払う年金制度も用意する。これらをのちに国家が管理運営するようになったのである。つまり，日本の年金制度は，労働者の引退後の生活を守るために，福利厚生の積立貯金として企業別・省庁別に開始され，そのあとに国家が保険者となって管理運営するようになった。

老後のお金の心配は，何も労働者だけに限らない。自営業や農林水産業を営む人についても，国民年金制度が開始された。しかしこのような人には賃金が支払われているわけではないので，いくらの保険料を納付すべきかがわかりにくい。そこで，定額の保険料を徴収し，定額の年金を支給することとなった。

日本ではじめて被用者を対象とした公的な年金制度が創設されたのは，1941（昭和16）年の労働者年金保険法である。労働者年金保険制度の給付には廃疾（障害）年金，遺族年金があったが，もっぱらその中心は20年以上保険に加入していた者が55歳になったときに支給される積立型の養老年金であった。

戦後の混乱期が収まり，日本経済が安定成長を見せるようになった1954（昭和29）年には，民間被用者を対象とする厚生年金に大改正が施された。つまり，保険料は報酬に比例して徴収するけれども，年金給付は定額部分と報酬比例部分から構成されることになった。これに加え，当時は夫が働いて妻が専業主婦となることが一般的であったので，被扶養配偶者がいる場合には配偶者加算が加えられることになった。

(3) 現在の年金制度のかたち

このように，年金制度は職域ごとに分立した制度が採用されていた。そうすると，職域ごとに現役労働者と退職者との比率が異なっていたり，産業・就業構造が大きく変わる中で制度間の格差が深刻な問題になってきた。また，平均余命が延び，将来には団塊の世代が大量に退職することも見込まれ，人口高齢化が現実化してきたのであった。これに加え，国民年金制度には労働者の被扶養配偶者(その多くは専業主婦であった)が任意加入とされていたので，離婚後に多くの女性が無年金となる問題が指摘されていた。

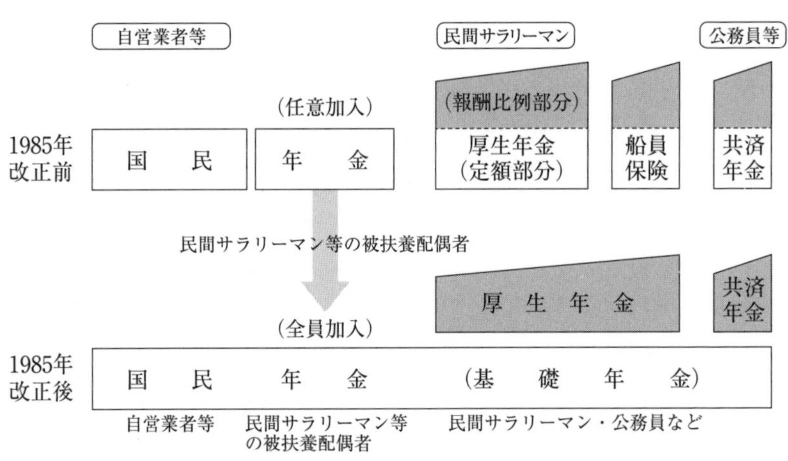

図 11 − 1　1985（昭和 60）年の年金改革

出所：『厚生労働白書　平成 18 年度版』

そこで，これらの問題を解決するために，1985（昭和60）年に基礎年金制度が導入され，翌年から施行された。

基礎年金制度は，分立した年金制度から，すべての公的年金の基礎となる制度へと生まれ変わった。すなわち，それまでの国民年金に加入していた人は基礎年金制度に加入することにして，厚生年金などの被用者年金に加入していた人は定額部分の基礎年金と報酬比例の厚生年金という２つの制度に同時に加入することになったのである。そして，それまで任意加入であった被用者の被扶養配偶者を基礎年金に強制加入したが，保険料負担は求めないことにしたのであった。

ここで重要なのは，基礎年金制度は確かに抜本的な改革であったけれども，それまでの負担と給付の関係は変えなかったということである。このため，被用者は報酬に比例して保険料を納付し，定額部分に加えて報酬に比例した年金を受け取る。自営業者等は定額の保険料を納付し，定額の年金を受け取る。そして被扶養配偶者は保険料を納付しないが，定額の年金を受け取るということになった。

3．公的年金の財政

（1）財源構造

国民年金だけに加入している人は国民年金保険料の定額を負担し，被用者は厚生年金の保険料として賃金に比例して負担する。公的年金の財源は，何も保険に加入している人（被保険者という）が納付する保険料だけで構成されているわけではない。

そして国家もまた，市民の生活を安定させるために国庫（税金）を支出する。国家は市民全員の生活を守ることを目的とするから，基礎年金財源の半分を負担する。

さらに，会社で働く人については，働けなくなったときに備えて事業主も保険料を負担することになっている。事業主が負担するのは雇用する労働者の保険料と同額である。つまり，被用者の保険料は事業主と被保険者で半分ずつ負担しているのである。

すでに見たように，被用者に扶養されている人は保険料を納付する必要がない。誰が負担するのかと言えば，厚生年金全体で負担することになっている。つまり，被用者とその事業主が納付した保険料の中から，被扶養者の基礎年金財源に回すことにしているのである。つまり，配偶者の年金にかかる費用はその被保険者が追加的に負担しているのではなく，被保険者とその事業主が全体で負担していることになる。

（2）被保険者

公的年金に加入する被保険者は，保険料の納付方法，つまり保険料の納付のしやすさに応じて3つの種類に区分される。

厚生年金の適用事業所に使用されている人は，賃金を支払われているので，その事業主が保険料を納付する義務を負う。被保険者個人に納付をさせると，お金がなかったり払い忘れたりすることがあるので，事業主にまとめて納付させることにしたのである。これを第２号被保険者と言っている。第２号被保険者は，国民年金制度と厚生年金保険制度の２つに加入するが，保険料は厚生年金だけを納付して国民年金保険料を納付することはない。第２号被保険者に支給される基礎年金の費用は，給付時に厚生年金の保険料の一部が基礎年金の勘定に繰り入れられるからである。だから，給与明細を見ても厚生年金保険料が天引きされることはあるが，国民年金保険料を天引きされることはない。

厚生年金の適用を受ける被保険者に扶養されている配偶者は，保険料を納付する必要がない。これを第３号被保険者と言っている。第３号被保険者の保険料は結局だれも直接には納付することがないので未納問題が発生しない。

そして，第２号被保険者と第３号被保険者に当てはまらない人はすべて第１号被保険者となり，自営業者や無職の人，学生などがこれにあたる。第１号被保険者は自分で手続きをして保険料を納付しなければならない。所得が低い人はその所得に応じて保険料が免除されたり猶予されたりするが，それでも保険料の未納や未加入が問題になっている。

（3）貯金と仕送り―積立方式と賦課方式

ここまで保険料を支払うことを「納付」と言ってきた。この「納付」には，２つの性格がある。１つは，自分の長寿リスクに備えて将来の自分自身のために蓄えるというものである。もう１つは，現在の若い人が高齢者に仕送りをするというものである。それでは，被保険者はどちらの意味で保険料を納付しているのであろうか。

例えば今現在年金制度がないとして，国が新たに年金制度を開始すると仮定しよう。そのとき，保険料を徴収する側がどのように説明すれば，新たに保険料負担を求められる被保険者が納得するだろうか。おそらく，今のお年寄りにお金をまわすから，その分を負担してください，と言ってもなかなか理解されないであろう。それよりはあなたが働けなくなったときに備えて国が代わって貯蓄をします，と説明したほうが納得されるだろう。なぜならば，あなたが納付した保険料がいくら貯まっているからいくらの年金がもらえる，としたほうがわかりやすいからである。

このように，公的年金制度のスタート時は，自分の将来のために国家が代わって貯蓄するという財政方式を採用した。これを積立方式という。

ところが，年金制度が積立方式を採用しても，そのときすでに高齢になっていた人には何の恩恵もない。そこで，制度開始時には国庫による無拠出の年金と積立方式による年金制度を併用することにした。しかし，国庫による年金には限りがあるし，経済状況が良くなると想定外のインフレで貯蓄の実質的な価値が目減りしてしまうという問題が起きた。そこで被保険者が納付する保険料について，自分たちの世代のための貯蓄と，そのときの高齢者への仕送り（賦課方式という）という２つの性格を持たせることにした。このような賦課方式と積立方式のミックスを修正積立方式といい，現在の日本の年金制度は修正積立方式を採用している。

ところで積立方式と賦課方式はどちらが優れているのであろうか。積立方式は若いときに積み立てた資金で老後の資金を賄う方式であるから，被保険者の積立実績と積立金の運用実績で将来の年金額が決まる。したがって，少子高齢化が進んだとしても受け取る年金額は影響を受けないが，運用実績やインフレの影響を受けると年金の実質的価値が減少する。ただ，終身年金の積立方式であれば，早く亡くなった人には少ししか年金が支給されないし，長寿であった人にはたくさんの年金が支給される。このように，積立方式は高齢者世代内部での相互扶助を行うことになる。

これに対して賦課方式は若い世代から高齢者世代への仕送りであるから，人口構成の影響を受ける。たとえば，高齢者１人あたりの年金額が10万円であるとすれば，少子高齢化以前の被保険者１人あたりの負担は４万円であるが，少子高齢化が進んだときには７万５千円になってしまう。もしも現役世代の保険料を４万円のまま抑えたとすれば，高齢者の年金額は５万３千円程度まで下がってしまうことになる。つまり，賦課方式は少子高齢化という人口変動に弱いのである（図 11 － 2 参照）。

そこで，修正積立方式の年金制度から完全積立方式へ移行すべきだと

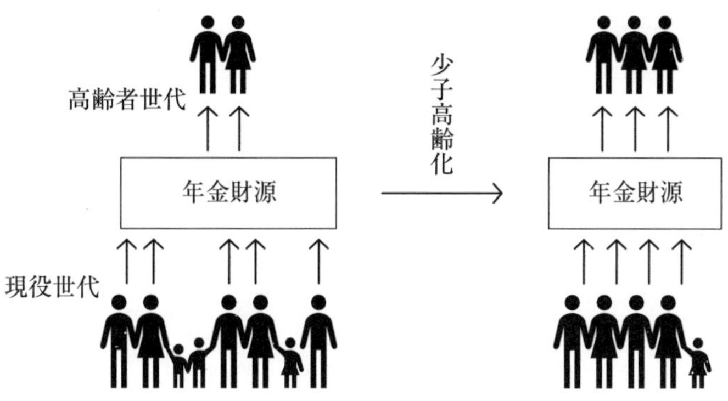

図 11 － 2　賦課方式の概念（筆者作成）

いうことが議論された。仮に完全積立方式へ移行した場合，現在保険料を納付している被保険者はどうなるであろうか。たとえば現在 50 歳の人は，これまで 30 年間は自分のための積立をしていないから，過去 30 年分の積立をしなければならない。そしてこれから 10 年以上も自分のために積み立てなければならない。これに加えて，現在年金を受けている人の年金をなくすわけにはいかないから，高齢者に向けた仕送り分（賦課方式部分）も負担しなければならないことになる。つまり，完全積立方式に移行する場合には自分の分と高齢者の分の二重の負担をしなければならないので，完全移行は現実的ではないのである。

（4）財政状況

それでは 2019（令和元）年現在の年金財政はどのような状況であろうか。修正積立方式とは言ってもやはり，現在の年金を現在の保険料で賄う賦課方式に近い。収入から見ると，厚生年金の歳入（保険料など）48 兆円に対して歳出（年金給付）は 46 兆円である。国民年金の歳入は 4.2 兆円（国庫負担を含む）に対して歳出も同程度の 4.2 兆円程度である。

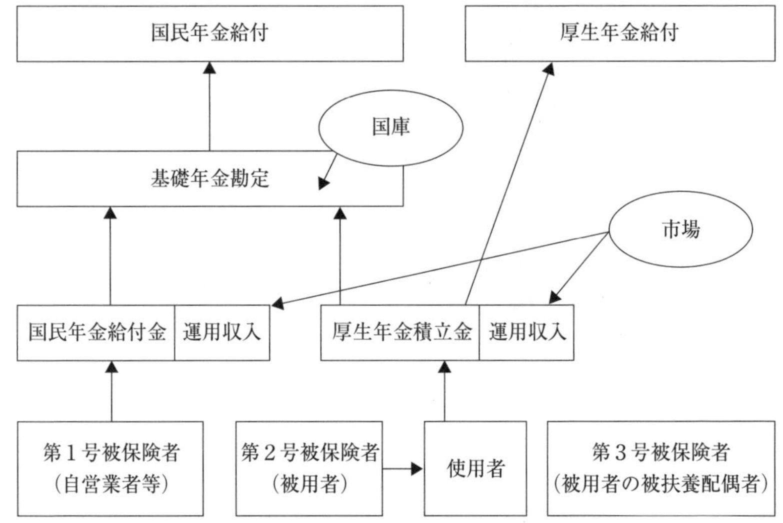

図 11 － 3　年金財源の流れ（筆者作成）

この数字だけを見ると，公的年金は黒字であるように見える。しかしこれは非正規労働者の適用拡大を進める一方で，雇用情勢が向上したことによって厚生年金の被保険者数が一時的に増加していることが大きな理由であり，高齢化の進展によって年金給付が増えていることには相違ない。そうすると，制度改正が一段落して景気が落ち着いたならば赤字財政になるかもしれない。そのとき，どのようにして危機的状況を乗り越えることができるであろうか。

4．年金制度の維持

（1）三方一両損

これから少子高齢化が進行しても，年金制度を崩壊させないようにするにはどうすればよいであろうか。残念ながら，だれもが痛みを感じない解決策は存在しない。だからといってだれかに痛みを押しつけることもできないであろう。

そこで，公的年金制度の当事者に痛み分けをしてもらうことになった。つまり，国・年金受給者・保険料負担者がそれぞれ痛みを負担することになったのである。

（2）国庫負担

まず先鞭を付けたのが，国家財政である。もともと基礎年金の国庫負担は３分の１であった。そこで保険料をできるだけ引き上げずに財政を安定させるために，国庫負担を給付費総額の２分の１に引き上げることにしたのである。もっとも，国庫負担とは税金なので，厳しい財政事情の下で国庫負担を引き上げることには困難を極めた。そこで税と社会保障の一体改革を通じて，将来の社会保障制度のビジョンを描きつつ，国庫による安定化を図ることにしたのである。

（3）保険料の引き上げと保険料水準固定

次いで財政を安定させるために行われたのが保険料の引き上げである。その時々の年金給付に必要な額を得るため，基礎年金の保険料額と厚生年金の保険料率を段階的に引き上げることにした。

ところが，保険料額・率を引き上げていくことには限度がある。保険料を負担する若年者の負担感が増して生活が苦しくなるだけでなく，苦しい生活を強いられる理由が高齢者の生活を守るという名目になるからである。これは世代間の対立構造を生むだけでなく，年金制度そのものにも不信感を招く結果となってしまう。

そこで，保険料額・率の引き上げを一定程度のところで止めて，それ以上の引き上げを行わないことを法律に明記した。これを保険料固定方式という。これで少なくとも保険料負担についての不信感を払拭することができた。

（4）年金額の引き下げ

保険料固定方式は確かに若年者の信頼を得ることはできるが，同時に保険財源のパイが拡大しないことを意味する。このパイを拡大するためには被保険者を増やすことが必要になるが，少子化の下で被保険者数を増やせる見通しはない。もっとも，保険料を負担していない人が厚生年金に加入することによってパイを拡大することはできる。そのため，非正規労働者，とりわけ第３号被保険者をできるだけ厚生年金に加入させるような適用拡大の方策が取られた。

ただ，適用拡大にもやはり限度がある。そこで，拡大しないパイについて，増加する高齢者がそれぞれ小さく切り分けることにした。つまり，高齢者の数が増えるから保険料収入を増やすのではなく，保険料収入を固定させて１人あたりの高齢者が受け取る年金額を減らすことにしたのである。これをマクロ経済スライドという。ただ，年金額が減るとはいっても実質上の年金額が減るのであって，名目上の年金額が減ることはない。このため，年金を受けている人にとっては年金額が減っていることはわかりにくい。

（5）有期均衡方式

マクロ経済スライドは，少子高齢化の進行する比率に従って１人あたりの年金額を減らすというものである。したがって，年金による実質的な生活の維持ができなくなってしまう。ならば，一定程度の生活水準を確保することができる年金制度を作るためにはどうすればよいのであろうか。

国民年金法と厚生年金保険法には，一定程度の年金給付水準が確保されることが明記されている。政治的な目標としては，現役時代に得ていた収入のおよそ 50%の年金水準（これを所得代替率という）を確保することとされている。そして，長期的に財政の均衡が保たれなければならないこととされており，その期間は 100 年である。

これでは，マクロ経済スライドにも限界がある。そこで目を付けたのが年金積立金である。現在の年金積立金は，1 年間に必要な年金給付の数倍が保有されている。マクロ経済スライドを実施しても不足する分は年金積立金を取り崩すことにした。もっとも，際限なく取り崩すと大変なので，100 年後に 1 年分の給付費に相当する金額が積み立てられているようにしている。

しかし，100 年間にわたって財政が均衡していくかどうかはだれにもわからない。そこで，5 年に 1 回財政の見通しを立てて，その都度必要な手直しをすることにした。たとえて言うと，堅牢な家を作ったのだから，少しずつメンテナンスしながら壊れないようにしようというのである。

このように，年金財政は，巨額の積立金がそのバッファとなって常に負担と給付の関係を見直し続けるという制度になっているのである。したがって，少子高齢化が進展するから年金制度が崩壊する，というのは言い過ぎだということがわかるであろう。

5．モデル年金額

（1）老後の所得とモデル世帯

老後生活をするためにはいくら必要になるであろうか。先に見たように，高齢者の 1 人あたり平均所得は 211.6 万円である。この金額のすべてを公的年金で賄うことは，現実的には難しい。そこでこのうち一部を公的年金が受け持ち，一部は貯蓄や退職金などで受け持つことが多い。それでは国家は公的年金で高齢期の所得をどの程度保障しようとしているのであろうか。

老後生活に必要になるお金は，人によって相当異なるであろう。そこで，厚生年金保険法ではモデル世帯を設定し，その世帯に対してどの程度の公的年金を保障すべきかということを定めている。厚生年金保険法が想定しているモデル世帯とは，平均的な賃金を得て 40 年間働いていた労働者（その多くが男性である）と，その労働者にずっと扶養されていた配偶者（その多くが女性である）から構成される，いわゆる専業主婦世帯である。もっとも，現在は片働き世帯よりも夫婦が２人で働く共働き世帯のほうが多数である。しかしこれはあくまでもモデルであるし，現実には多様な世帯が存在している中で一定の政策目標を示すためのモデルに過ぎないと考えたい。

このモデル世帯における老齢年金額を仮に毎月 23 万円としよう。夫婦が受ける年金の種類は，夫が老齢基礎年金と老齢厚生年金，妻が老齢基礎年金である。それでは 23 万円の年金をどのように配分すべきであろうか。

（2）モデル世帯の年金額

まず，老齢基礎年金を考えてみる。先に見たように，基礎年金は均一拠出均一給付である。そして年金給付の水準は，最低限の生活を営むにはこの程度あったほうがよいという考慮が働く。そこで一時期，老齢基礎年金は生活保護基準を参照して設定されていたことがあった。しかし憲法によって最低限度の生活を保障することが命じられている生活保護基準と，若年者が高齢者に賦課方式を通じて仕送りをする年金は，規範的な構造が異なる。結局，老齢基礎年金額は生活保護基準に近い水準を保障しようということになる。そこで老齢基礎年金は毎月およそ 6 万 5 千円ずつと設定された。つまり，夫婦で毎月 13 万円ということである。

そうすると，老齢厚生年金額は 23 万円から 13 万円を引いた 10 万円ということになる。ただ，これはだれでも同じというわけではない。働き方は人それぞれであるし，賃金も人それぞれである。40 年間働いていた夫は，ずっと厚生年金の保険料を納付し続けていた。この保険料は賃金に比例していたので，賃金が高かった人は多くの保険料を納付したし，低かった人はそれに相当するだけの保険料を納付してきた。10 万円の老齢厚生年金というのは，平均的な賃金を得ていた労働者が 40 年間働いて厚生年金の保険料を納付し続けた場合の年金額である。つまり，かつて働いていた時の一定程度の生活水準を保障しようとするのが老齢厚生年金である。

学習課題

1．もしも年金制度が存在しなかったならば，老後の所得はどのようにして賄うことができるでしょうか。
2．公的年金制度の概要と被保険者についてまとめましょう。
3．公的年金制度の財政方式について説明しましょう。

参考文献

駒村康平・山田篤裕・四方理人・田中聡一郎・丸山桂『社会政策－福祉と労働の経済学』（有斐閣，2015 年）

内閣府『平成 29 年度版　高齢社会白書』

堀勝洋『年金保険法［第 4 版］』（法律文化社，2017 年）

田村正之『人生 100 年時代の年金戦略』（日本経済新聞出版社，2018 年）

12 仕事と年金制度

《目標＆ポイント》 公的年金制度が成立した時期は，日本人の働き方が比較的安定していた。ところが近年はさまざまな働き方が広がる一方で，働いても貧困に陥る場合が生じてきている。このような状況で公的年金制度を維持することができるであろうか。本章は，現在の年金制度を確認した上で，このような問題について考える。
《キーワード》 国民年金の保険料，学生納付特例，保険料免除，老齢基礎年金，年金未納

1．被用者の年金額と保険料

（1）厚生年金の被保険者

かつては学校を卒業してからどこかの会社で働き始め，一度か二度の転職をしても，ずっと正社員として定年まで働き続けることが一般的であった。年金制度も，そのような働き方をする人を厚生年金に加入させ，正社員の配偶者は保険料の負担をしないのが一般的であった。

働いていたときの一定程度の生活水準を保障する厚生年金制度の被保険者は，正社員を中心に設定される。したがって，中心となるのは厚生年金が適用される事業（日本に存在する大多数の事業所が含まれる）に使用される労働者である。そして，働く能力と意欲があって働き続けている高齢者であっても，一応 70 歳を超えたら引退してもらうことにしている。

ただ，「使用される労働者」でなくとも，実際にはそれに近い働き方を

する人は多い。たとえば，中小企業の社長は，社員と同じ仕事をして社員と同じくらいの収入を得ていることも少なくない。このような人は「使用される労働者」ではないけれども，老後の所得保障をする必要性が高いので，厚生年金に加入することにしている。

他方で，「使用される労働者」であったとしても，お小遣い程度の収入を得るために働いている人もいるだろう。このような人まで厚生年金に加入させて保険料を納付させる必要性に乏しいので，短時間労働者などは厚生年金に加入しないことにしている。この基準は，所定労働時間および所定労働の数が通常の労働者の４分の３に満たない者とされている。労働基準法の１週間の法定労働時間が最長 40 時間，１日８時間であるので，おおむね１週 30 時間，１日６時間以下の場合には厚生年金に加入できないことになる。

しかし現在は働き方が多様化している。短時間労働者（パート，アルバイト）であっても，それによって生計を維持している人は少なくない。そして年金財政を健全化させることと，非正規労働者の老後の生活保障のため，この適用範囲を拡大することにしている。所定労働時間が４分の３に満たないとしても，①１週間の所定労働時間が 20 時間以上であって，②働いている事業所に１年以上続けて働くことが見込まれ，③毎月の報酬が８万８千円以上であって，④学生でないこと，という条件の下，厚生年金に加入することとなっている。このうち③の条件が付けられているのは，８万８千円よりも低い報酬の人が加入した場合，少ない保険料で国民年金と厚生年金の２つの年金に加入することができ，受け取る年金額が支払う保険料に比べて大きくなり過ぎるからである。

ところで，最近は在宅勤務，複数の仕事の掛け持ち，時間の都合にあわせてインターネットで受注した配送の仕事を断続的に行うような働き方まで，かつての働き方のモデルに合わないようなものが増えてきている。そこで短時間労働者だけでなく，老後の所得保障が必要なこれらの働き方をする人も厚生年金に加入してもらうべきだ，という議論がある。ところが，だれがこのような人を使用しているのか，だれがどのように保険料を負担すべきか，基礎年金との関係をどうするのかといった理論的な問題に止まらず，報酬や労働時間をどのように算定するのかといった実務的な問題から適用拡大が進まない状況にある。

(2) 厚生年金の保険料

厚生年金の被保険者は，国民年金制度では第2号被保険者となる。すでに説明したように，第2号被保険者の保険料は雇用する事業主が納付する。第2号被保険者は事業主から賃金を受け取っているが，事業主はそこから厚生年金の保険料を控除して（天引きして），控除した保険料と同額の事業主負担と一緒に日本年金機構に納付する。

被保険者が納付する保険料は，その賃金額をクラス分けしたもの（標準報酬月額という）に法律で決まっている保険料率を掛けることで算出される。たとえば，25万円から27万円の賃金を受けている被保険者は年金の保険料算定の上で標準報酬月額を26万円とみなして，そこに法定の保険料率18.3%を掛けた4万7,580円が保険料額となる。これを被保険者本人と事業主がそれぞれ半額の2万3,790円ずつを負担することになる。なお，ボーナスにも同じやり方（標準賞与という）で保険料を算出することになっている。

このように，保険料額は賃金額だけで決定される。つまり，被保険者に配偶者がいてもいなくても，年齢が何歳であっても，賃金が同じであれば同じだけの保険料を納付することになるのである。

公的年金は，制度に反対しているとしても脱退したり保険料の納付を拒否することができない。もしも保険料の納付を拒否したならば，事業主に差し押さえ処分などが行われるだけでなく，処罰が科されることになっている。経営状態の悪化などによって保険料を納付することが難しい場合もあるかもしれない。そのような場合であっても，厚生年金保険法は保険料の減額や免除を認めていない。確かに厚生年金の保険料を支払わないのであれば手取りの収入が増えることになるので，被保険者も同意の上で年金の加入逃れをする事例もまれにある。しかし，そのような事情は考慮せず，被保険者の将来の年金を確保するために，国家は公的年金に強制加入させて保険料を強制的に徴収することにしているのである。

そうは言っても，どうしても保険料を納付することが難しい場合，厚生年金保険法で認められることがあるのは，産前産後休業と育児休業を取得して仕事を休んでいるときの保険料の免除である。育児休業等は事業主との雇用関係が継続しているので「使用される者」にあたるから本来ならば厚生年金の保険料を納付しなければならないのだが，被保険者負担分のみならず，事業主の負担分も免除される。仮に事業主負担分の納付義務を残したとすれば，事業主が出産育児をしそうな人の採用を手控えることにつながるからである（第４章，第５章参照）。

（3）老齢厚生年金額

さて，前章の例では老齢厚生年金額を 10 万円としたが，これはどのようにして算定されているのであろうか。

これは公平な視点から考えてみるのがよい。モデル年金の例では 40 年間働いたことになっているが，これが 20 年間だったらどうだろうか。モデル年金に比べると納付した保険料の総額が半分であるから，年金額も半分の５万円になることが公平に適うであろう。

また，同じ 40 年間働いていたとしても，モデル年金を受けていた人に比べて報酬が半分だったらどうだろうか。納付してきた保険料が半分になるから，これも年金額が半分の５万円になることが公平に適うであろう。

このように見ると，老齢厚生年金額は次のように算出される。

老齢厚生年金額＝平均標準報酬額×被保険者期間月数×支給乗率

平均標準報酬額というのは，かつて保険料を納付していた時期にどの程度の報酬を得ていたかというものである。これは一見，これまでの報酬をすべて足して平均を出せば良いように思われるかもしれない。しかし 40 年前の１万円と現在の１万円が同じ価値ではなく，インフレが考慮されないことになってしまう。そこで，かつての報酬を現在の価値に直し，その平均額を出したのが平均標準報酬額ということになる。

被保険者期間月数とは，厚生年金に加入していた期間である。最低は

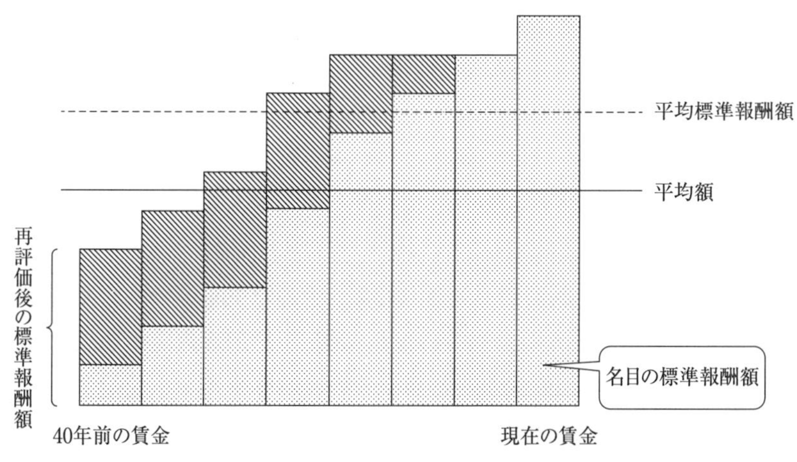

図 12 ― 1　平均標準報酬額（筆者作成）

1か月であるので，たとえ1か月しか働いたことがないとしても，それに見合った老齢厚生年金が支給される。

支給乗率は厚生年金保険法で決まっている割合である。年金はその実質的な価値を維持することが大事なので，物価の変動に応じて増減する。ただ，被保険者数と受給者数の割合に応じて変動するマクロ経済スライドも実施されるので，これが発動されると年金の実質的な価値が目減りすることになる。

（4）老齢厚生年金の支給開始年齢

老齢厚生年金を何歳から受け取り始めるかというのは，大変重要な問題である。使用者と正社員労働者は，期間を定めない無期労働契約を締結する一方で，使用者からの一方的な解雇を避けることが日本の雇用慣行であった。そうすると，加齢に伴い職業能力が低下しても解雇することができなくなってしまうから，一定の年齢で契約を解消する定年制を設けることが一般的である。そうすると，定年年齢と年金の支給開始年齢が接続していることが望ましい。

かつては，定年と年金支給開始年齢は必ずしも一致しておらず，退職後数年経ってから年金を受け取り始めることが少なくなかった。これには企業が退職金制度を設けていたことや，労働者自身が貯蓄をして定年と年金のギャップを埋める努力をしてきたからである。しかし，これには限界があった。

1986年に基礎年金制度が導入された際，老齢厚生年金の支給開始年齢は65歳となった。しかし，当時の雇用情勢として65歳定年を設ける企業は少なかったので，60歳から特別支給の老齢厚生年金を受給することができた。60歳から支給される特別支給の老齢厚生年金は，65歳から支給される本来の老齢厚生年金額とあまり変わらないものであったので，実際には60歳支給となっていた。その後，少子高齢化の進展に伴って年金財政は厳しさを増す一方で，60歳代でも働きたい人が増えるようになってきた。

そこで2つの法律を改正した。1つは，高齢者雇用促進法であり，60歳未満の定年制を禁止するとともに，段階的な65歳までの雇用延長措置を企業に義務付けた。もう1つは厚生年金保険法であり，雇用延長措置の実施にあわせて，特別支給の老齢厚生年金を段階的に廃止することにしたのである。今はまだその過渡期にあるが，将来的には定年も年金支給開始年齢も65歳で統一される。

（5）受給可能年齢

65歳で定年を迎え，そこから年金生活に入るというのは画一的に過ぎるかもしれない。高齢者の意欲や身体能力は人それぞれであるし，早く仕事を辞めて引退したいと思う人がいる一方で，できるだけ長く働きたい人もいるだろう。

厚生年金は，早く辞めて年金生活に入ることも，できるだけ長く働くことも尊重されるような仕組みになっている。支給開始年齢の65歳というのはあくまでも標準的な年齢ということなのであって，実際には60歳から70歳の間で，いつから年金を受け取り始めるかを選択することができる。この選択可能な年齢を受給可能年齢ということがある。

もっとも，60歳から受け取る場合と70歳から受け取る場合で，同じ年金額であるならば不公平となる。そこで，65歳よりも早期に年金を受け取る場合には年金額を毎月0.5%減額し，65歳以降に受け取る場合には0.7%ずつ増える仕組みにしている。そして，いったん年金を受け取り始めたならば，減額された・増額された年金額はそのまま死亡まで継続する。つまり，いつから年金を受け取り始めようとも，生涯受け取る

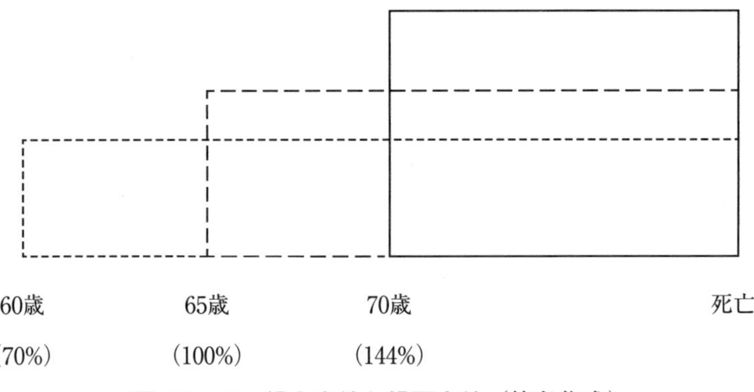

図12－2　繰上支給と繰下支給（筆者作成）

年金額があまり変わらない仕組みになっているのである。

ただ，繰上げ・繰下げしたときの割増率が異なることから，仮に平均余命まで生存したとすれば，65 歳以降からの繰下支給のほうが有利になる。しかし現実には 65 歳以降になってから繰下支給年金を受け取る人はきわめて少ない。これは，65 歳以降の労働市場が一般的でないことと，65 歳以降の生存リスクが考慮された結果であろう。

（6）在職老齢年金

厚生年金には 70 歳まで加入することができる。これは 60 歳代でも働き続ける人が一定数いることが制度の前提になっている。それでは，60 歳代で働き続けている人は，生活するのに十分な報酬を得ているのであろうか。

高年齢者雇用安定法では，確かに一定年齢まで被用者を雇用し続けることを使用者に義務付けている。しかし，その労働条件，とりわけ賃金を一定程度保障せよ，ということまでは義務付けていない。それは，60 歳代の労働者の労働能力が加齢に伴って減少して，企業における仕事の範囲や責任が低下することが一般的であるからである。そこで，定年退職を迎えた被用者の報酬は，定年時よりも低くなることが多い。

報酬の低下は生活水準の低下につながる。人の生活水準を急激に引き下げることは難しい。そこで，働いている高齢者の報酬に加え，一定程度の年金を給付することにしている。これを在職老齢年金という。

在職老齢年金は，支給開始年齢である65歳を境にして，60歳代前半のものと後半のものに分かれている。60歳代前半の場合は，特別支給の老齢厚生年金と報酬額を合算して一定額を超える場合に，年金の給付額を減らすことにしている。65歳代後半にあっては，老齢厚生年金額と報酬額を合算した金額が一定額を超える場合，超えた額の2分の1の老齢厚生年金を支給しないことにしている。

2．基礎年金の保険料と年金額

（1）国民年金の被保険者

日本の年金制度は，日本に住んでいる20歳以上の人をすべて被保険者とする国民皆年金制度を採用している。そうは言っても20歳以上には雇われている人，扶養されている人，自営業者などさまざまな人がいる。保険料の納付方法で被保険者を3種類に区分していることはすでに述べた通りである。

このうち国民年金の保険料を納付しなければならないのは第1号被保険者である。第1号被保険者は被用者とその被扶養配偶者以外の人すべてを指すのであるから，自営業者や非正規労働者，無職，学生などさまざまな人が含まれることになる。

（2）国民年金の保険料

第1号被保険者が納付する国民年金の保険料は，被保険者の所得などに関わりなく一定額になっている。その金額は2019（令和元）年度で1万6,410円となっている。保険料水準固定方式が採用されたことから，保険料の名目額が変わっても将来実質的に引き上げられることはない。

国民年金の保険料を納付しなければならないのは，第1号被保険者本人であるが，その属する世帯の世帯主か配偶者が第1号被保険者に連帯して納付することになっている。

保険料は，クレジットカードや口座振替で納付することができる。本来納付すべき時期よりもまとめて前払いしたならば，保険料が割引される。これに対して，本来納付しなければならない時期までに納付しない場合，最終的には財産が差し押さえられて滞納処分を受けることがある。その場合には本来納付しなければならない保険料に延滞金を加えて納付しなければならないが，延滞金の分の年金が増えるわけではない。

(3) 国民年金保険料の免除と納付特例

第1号被保険者となる人は，強制加入であるために脱退することができない。そして年金保険に加入するのであるから保険料を納付しなければならない。しかし第1号被保険者の中には低所得者が多く含まれているので，実際に毎月1万6千円を超える保険料を納付することが難しい場合がある。

このため，第1号被保険者には保険料の負担を軽くする制度がいくつかある。生活保護を受けている世帯に属する人や，障害基礎年金を受給している人は，特に申請をしなくても保険料を納付する必要がない（法定免除)。これ以外の人で所得が少ない場合には，その所得に応じて保険料の全額，4分の3，半額，4分の1といった段階的な保険料免除の制度がある。もちろんこの制度は第1号被保険者に限ったもので，第2号被保険者には適用されない。

20歳を超えている大学生なども国民年金に加入しなければならない。しかし学生本人に負担能力はない。かつては学生の親などの所得を考慮して保険料を免除する仕組みがあったが，その仕組みは親が大学生の保険料を納付することを期待したものであった。これでは親が子どもの老後の面倒をみるということになってしまい，本末転倒のような気もする。

そこで現在では，学生本人に多くのアルバイト収入などがある場合を除いて，保険料の納付を猶予する仕組み（学生納付特例）が採用された。納付特例制度は毎年度申請して納付を猶予する仕組みであるが，保険料の追納をしない限りその間は将来の老齢基礎年金に反映されない。学生納付特例制度は保険料の免除とは異なり，就職などで安定した収入を得ることができるようになったならば，猶予されていた保険料を追納する仕組みである。そうすると追納しなければ結局，保険料の未納と同じことになりそうだが，大きく異なる点がある。納付特例制度を利用している間に生じた傷病によって障害者になった場合には障害基礎年金が支給されるが，保険料未納ではそれがないので無年金になってしまうことである。

それでは大学などを卒業しても就職できない場合や，就職しても報酬が少なくて保険料を納付することが難しい場合にはどうすればいいだろうか。このような場合，学生納付特例制度と同様に，申請により50歳未満まで保険料の納付が猶予されることになっている。この場合も障害者になったならば障害基礎年金を受給することができるが，追納しなければ老齢基礎年金額には反映されないことになっている。

（4）老齢基礎年金額

老齢基礎年金を受けるには，①保険料を納付した，あるいは免除や納付特例を受けていた期間が10年以上あって，② 65歳に達していなければならない。

本来保険料を納付しなければならないのは，20 歳から 60 歳までの 40 年間である。①からすると 10 年しか納付していない人と 40 年納付した人が同じ扱いで良いであろうか。40 年納付した人は 10 年しか納付していない人に比べて 4 倍の保険料を納付したはずである。おそらく受け取る年金額も 4 倍になるほうが公平に適うであろう。

そこで，老齢基礎年金額は納付した期間に応じて増減することになる。満額の老齢基礎年金は 1 年間でおよそ 78 万円であるから，10 年間納付した場合には 19 万 5 千円ということになる。つまり，10 年間だけ保険料を納付した場合の年金額は毎月 1 万 6 千円程度であって，とても生活するには足りないであろう。そこで，低年金の場合には年金生活者支援給付金という制度で，年金を補完する。この制度は低年金者の生活を支えることができる点では大変有益なものではあるが，最大でも毎月 5 千円である。これが拡充されると保険料の未納を誘発することになってしまうので，なかなか難しい問題を含んでいる。

（5）保険料免除期間の取扱い

第 1 号被保険者の保険料免除期間や学生納付特例などの期間は，年金を受給するための資格期間（10 年）には算入されるが，年金額の算定では別の扱いになる。

図 12 － 3 を参照してほしい。保険料を納付した場合には，納付した保険料に見合う年金と，それと同額の国庫負担をあわせたものが年金額となる。これに対して保険料未納の場合には，保険料に見合う年金はもちろんのこと，法に認められていない未納なのであるから国庫負担分も支給されないことになる。法に基づいて納付をしていない保険料免除の場合には，保険料に見合う給付はないけれども，国庫負担分は支給され

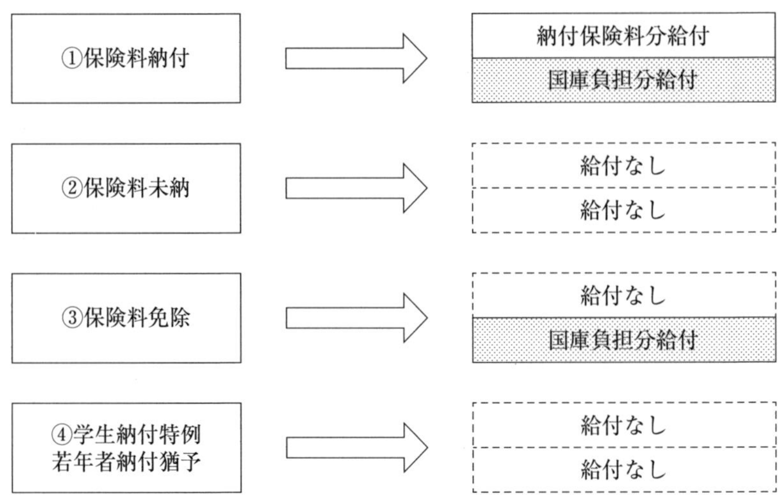

図 12 － 3　保険料納付・免除と老齢基礎年金（筆者作成）

ることになる。ただ，同じ法に基づいて納付をしていない学生納付特例と若年者納付猶予の場合には，保険料分は当然のこと，国庫負担分も支給されないことになる。

ただここで，③保険料免除が多段階免除であったことを思い出してほしい。確かに全額の免除を受けていた場合には国庫負担分だけになるだろうが，その他の場合にはどうなるだろうか。

図 12 － 4 に見られるように，保険料免除期間に関する年金額は，国庫負担に加えて納付した保険料に見合う年金額が支給される。このように，保険料財源に対する自らの貢献部分が年金額に反映される仕組みとなっている。

	国庫負担分	保険料分
保険料免除なし		8分の8
4分の1免除		8分の7
半額免除		8分の6
4分の3免除		8分の5
全額免除		8分の4

図 12 － 4　保険料免除と年金額

出所：田中耕太郎『社会保険のしくみと改革課題』（放送大学教育振興会，2016 年）137 頁を一部改変

3．年金未納は年金制度を崩壊させるか

（1）年金の未納・未加入

公的年金制度に関する報道やネットの言説を思い出してほしい。そこでは，年金の管理運営にミスがあったとか，少子高齢化によって年金を維持することは無理だといったようなことが言われている。これによって多くの人が年金制度に不信感を抱いているように見える。特に不安定な就労形態で賃金の低い第 1 号被保険者が年金制度を信頼しないあま

り，免除の手続きをとらずに保険料を納付せず，未納状態になっていることもある。保険料未納は4割を超えており，収入不足からすでに年金制度が崩壊し始めており，近い将来年金制度が崩壊してしまうかのように思える。しかし，果たしてこれは正しいのであろうか。

まず，現在の保険料未納がどの程度あるかを確認しよう。公的年金に加入している6,747万人のうち，国民年金の保険料が2年間未納状態になっている人は179万人，加入手続をとっていない人（未加入者）が19万人いる。そうすると未納・未加入者は全体の3％しかいないことになる。これを見ると，未納者がかなり多いというのとは違った印象を受けるであろう。

（2）長期的な問題

ただ，未納未加入が3％であっても年金財政には何らかの影響を与えるかもしれない。この問題は長期的な問題と短期的な問題に分けて考えることができる。

すでに見たように，国民年金は納付した保険料に見合った年金が支給されることになっている。老齢基礎年金は，未納・未加入期間が長期にわたって資格期間である10年を満たさなければ，1円も年金が支給されない。ここでは説明していないが，障害基礎年金や遺族基礎年金は，未納・未加入期間が3分の1を超えると支給されない。つまり，未納・未加入者には将来の年金が支払われないのである。そうすると，年金財政の立場から見ると，未納・未加入者に対する財政的な影響はない，ということになる。さらに，未納・未加入者であっても，間接的には消費税や所得税を通じて年金の国庫負担分を負担している。未納・未加入者はこの国庫負担分を受け取ることができないが，税金を通じて他人の年金財源を負担しているということになるのである。

このように，長期的には年金の未納・未加入は年金財源に影響を与えない。しかし，未納・未加入者の低年金・無年金によって生活保護の受給者が増えることになるので，何も問題がないとはいえないのである。

（3）短期的な問題

そうは言っても，賦課方式を原則とする現在の年金財政において，本来得られるであろう年金保険料が未納・未加入者の存在によって減ってしまうことは問題である。ただ，積立金の存在を思い出してほしい。年金の積立金は，過去集めた保険料によるものであって，その原資は現在老齢年金を受けている高齢者が納付したものである。そうすると，自分たちが納付した積立金について，未納・未加入によって集めることができなかった部分を切り崩すことに何の問題があるだろうか。つまり，未納・未加入の欠損部分は積立金を切り崩して給付しているのであり，善良な保険料納付者に未納・未加入者の負担を負わせているわけではないのである。

ただ，未納・未加入の存在は積立金の減少を招くので，将来の年金額に反映されるかもしれない。しかしこれも先ほどと同じであって，不足した積立金と未納・未加入者に対する年金給付をしない部分は一致することになるので，これにも影響を与えないことになる。

ここまで見てきたように，年金の未納・未加入問題は年金制度の持続可能性には一切影響しない。問題があるとするならば，未納・未加入者が将来貧困になるかもしれず，その場合の生活保護財源をどうするかということになるのである。

学習課題

1．もしも公的年金の保険料について男女差を設けて，女性の年金保険料を男性よりも高く設定したならばどのように評価されるでしょうか。
2．「年金制度を財政的に維持することができないから，公的年金制度を廃止する」という公約を掲げる政党が出てきた場合，世代によってその政党への支持率は変わるでしょうか。
3．年金支給開始年齢の引き上げにはどのような選択肢があるでしょうか。
4．「年金なんて払った保険料よりも受け取るほうが低くなるんだから，今まで払った保険料を返してもらって脱退することができないかな」という質問に対して，どのように返答すべきでしょうか。

参考文献

権丈善一・権丈英子『ちょっと気になる社会保障［知識補給増補版］』（勁草書房，2017年）
石崎浩『年金制度の基礎知識［第二版］』（信山社，2016年）
細野真宏『「未納が増えると年金が破綻する」って誰が言った？―世界一わかりやすい経済の本』（扶桑社，2009年）

13 家族と社会保障

《目標＆ポイント》 私たちの暮らしは単に個人だけで成立しているのではなく，家族を扶養する，扶養されることによって成り立つことがある。社会保障制度はこのような家族，世帯の扶養の代替として機能する面があるが，同時に扶養を前提として制度が作られることがある。世帯や扶養の契機となるのは婚姻であることが多いが，かつてと比べると婚姻形態は多様化しているし，扶養されている者が働いていることも少なくない。この章では，婚姻による社会保障制度の形を見ることで，多様化した家族形態と社会保障制度の関係を考える。

《キーワード》 事実婚，専業主婦，扶養，非正規労働，パートタイム労働，離婚，ひとり親，離別

1．家族と社会保障の関係

（1）家族機能の代替と社会保障

社会保障は，生活面で自分１人では対応できない困ったことがあったときに機能する制度である。ただ，困ったときの対応は社会保障制度だけが行うのではない。社会が担うこともあるし，家族が担うこともある。どのような困ったことを社会が担うのか，それとも家族が担うべきかは，その時代や社会の考え方による。その意味で，社会保障と家族とは代替的な機能を持つし，それぞれが補完的な機能を担うことになる。

もっとも，私たちがどのような社会の構成員になるのかを，選ぶのは難しい。選ぶことがあるとすれば仕事をするかしないか，どのような仕事をするか，どこで働くか，くらいである。

家族を選ぶこともまた，あまり機会がない。家族を選ぶ機会は誰かと婚姻関係を結ぶかどうか，子どもを持つかどうか，離婚するかどうかくらいである（養子養親の関係でない限り，子は親を選ぶことができない）。

社会保障と家族が代替的，補完的な機能を担うのであれば，家族についての選択が社会保障制度にも何らかの影響を及ぼしそうである。この章では家族と社会保障について考えよう。

（2）生活単位としての家族と社会保障

社会保障が家族の代替的機能を担うのは，私たちの暮らしが家族を単位として成り立っているからである。社会保障制度が想定している家族は，夫婦が働いて生計を維持し，そこに扶養される子や親がいる，という構造である。このような家族形態が一般的で，家族を扶養することができるほどの収入を得る働き方が一般的であり，家族の機能不全を社会保障によって代替することは例外的な措置として位置づけられた。

しかし社会保障を取り巻く環境が大きく変わっているように，家族を取り巻く環境も変化してきている。よく知られているように，未婚化・晩婚化の進展は少子化に大きく寄与する。そして離婚の増加はひとり親の増大を意味する。ここ 10 年くらいの動向を見ると，婚姻件数は年間およそ 60 万組に対して離婚件数はおよそ 21 万組程度で推移している。離婚が珍しくない社会ではひとり親も珍しくはない。

（3）家族の形成—婚姻と社会保障

1）　法律婚，事実婚と社会保障

家族のあり方が変わってきているだけでなく，婚姻も変わってきている。国際結婚も珍しくない。外国籍であっても日本の社会保障制度を利用することはできる（生活保護は外国人でも利用することができるが，

権利として保障されているわけではない)。これは法律上の問題がなく結婚することができるからだ。

日本の民法では法律婚主義を採用している。法律婚主義というのは，法律上の夫婦としての保護を受けるためには法律で定められた手続きにしたがって婚姻が有効に成立していなければならないことを意味する。そして法律婚が成立すれば夫婦が同居し，経済的にも助け合うことが求められる。ただ，法律婚が成立していればそれだけで社会保障制度の恩恵を受けられるわけではない。法律婚をしている夫婦の一方がもう一方の収入で生活している，扶養されている関係にあるときに社会保障とのかかわりが出てくる。たとえば，年金や医療保険の保険料などである。共働きであっても生計を維持しているのは夫婦二人の収入があってこそだから，夫婦の一方が死亡したときには遺族年金が支給される(ただし，妻が亡くなったときに夫に対して支給される遺族年金はかなり制限的である。この点は後で見る)。

2) 法律婚と同視される事実婚とされない事実婚

一方で，法律上の婚姻ではないけれども社会保障の対象となるものがある。1つは，事実婚である。事実婚というと難しそうだが，婚姻届を出していないけれども同じような暮らしをしているカップル，という意味である。内縁関係ともいう。確かに，法律婚でない人にまで社会保障を適用するのは法治国家ではおかしいといえるかもしれない。しかし，現実にそこで生活している人がいて，現実に困っている人がいるのに，法律上の婚姻関係でないからという理由で社会保障を拒否するのも現実の生活を無視している。そこで，法律上の夫婦と同じような暮らしをしている事実婚カップルでも一定の場合には社会保障の対象とする。その結果，社会保障の対象となるものとそうでないものとを切り分ける必要がある。問題はその切り分け方である。

1つの考え方として，法律上，法律婚をすることができないカップルを保護することは，法治国家主義に明確に反するという考え方がある。婚姻適齢に達しないカップル，近親婚，重婚がこれにあたる。これらの事実婚は原則として社会保障の対象とならない。しかし裁判所は，これら法律婚主義に反する場合であっても保護の必要性が高い生活をしている限りは社会保障の対象になるとしている。

ただ，家族のあり方は変化し続けている。典型的な例がLGBTのカップルである。一般的に同性婚は社会保険の取扱上，異性間の法律婚と同等に取り扱われないと理解されているが，それには明確な法律上の根拠があるわけではない。法律婚に反する事実婚でも社会保障の対象になることがあることからすると，同性婚でもそれを認める余地はある。しかしこの点が裁判で争われたことはなく，立法政策でも問題として残されている。

2．扶養と社会保障

（1）働き方の変化と社会保険

1）　被用者保険と被扶養者

これまで学習してきたように，年金保険と医療保険はその始まりが被用者の相互扶助組織であった。これらの被用者保険が拡大充実する中で被用者によってその家族，つまり被扶養者も対象となってきたのであった。この被扶養者の主なものは配偶者と子である。かつて扶養される配偶者はその大部分が女性であったので専業主婦といってもよいだろう。高度経済成長期は産業の近代化と核家族化が同時に進行したので，正社員の夫が主な働き手になって妻と子を支え，妻と子の社会保険料は産業全体で出し合うという関係になった。つまり，被扶養者の社会保険料は，正社員である夫が個別に負担するのではなく，事業主と被保険者全体が共同して負担するものとされてきたのであった。

2） 専業主婦を可能にした条件と社会保険

専業主婦としての生活は，子の成長とともに変化した。子にかかる高額の教育費を私事とみる日本社会においては，子の養育に手がかからなくなる時期と子の教育費が心配になる時期が一致した。そして専業主婦が家計補助的な働き手としてパート労働をすることが多くなった。大学や短期大学，専門学校などの教育を受けている子もまた，家計補助的な仕事を求めてアルバイトをするようになった。

いずれにしても正社員としての夫が主たる生計維持者となり，それを補助する役割として主婦のパートや学生のアルバイトが活用されたのであった。そして家計補助的な働き方をする主婦や学生は，自己の名で社会保険に加入しても給付が必要ないから，社会保険に加入せずに済んだのである。結局は生計維持者である夫が加入する社会保険（厚生年金・健康保険）の被扶養者たる地位に留まり，個別に社会保険料を負担することはなかった。

3） 扶養の置かれた状況の変化と社会保険

しかしそのような働き方がだんだん通用しなくなってきた。主たる生計維持者である夫の収入では家計を維持することが難しくなり，妻もパート労働を増やすようになってきた。そもそも専業主婦世帯は減少の一途をたどり，現在は専業主婦がいる世帯よりも夫と妻の両方が働く共働き世帯が多数となった。そして平成不況以降は子が学校を卒業しても正社員として就職することができずに非正規労働者になることが珍しくなくなった。そうすると，これまでの正社員の夫が被用者保険に加入して被扶養者の社会保険料は負担しない，というモデルの前提条件が崩れてきたといえる。これに加えて年金も医療保険もその支え手を増やさなければ財政的に維持することが難しくなるとともに，パートタイム労働者をはじめとする非正規労働者の社会保障の必要性が増したのである。このように，正社員＝扶養者と非正社員＝被扶養者という割り切り方での社会保障制度の在り方は見直しの時期にあるのである。

（2）非正規労働者の社会保険適用関係

1）　非正規労働者とは誰か

それでは現在の非正規労働者の社会保険がどのような適用関係になっているかを確認しよう。非正規労働者というのは正規労働者（正社員）でない，という意味なので，①フルタイム労働でない（パート・アルバイト），②労働契約に期間がある（有期労働契約，いわゆる契約社員や嘱託社員），③契約している先で仕事をしていない（派遣や請負労働）のいずれかにあたる。社会保険で特に問題になるのは①である。この問題は

表 13－1　パート労働者の医療・年金保険適用関係と保険料負担（筆者作成）

<table>
<tr><th>正社員基準
扶養基準</th><th colspan="2">所定労働時間・日数が通常の4分の3未満。または週20時間以内または月8.8万円未満</th><th colspan="2">所定労働時間・日数が通常の4分の3以上。または週20時間以上で月8.8万円以上</th></tr>
<tr><td rowspan="2">年収130万円以上</td><td>国民健康保険の被保険者</td><td>国保料（税）の負担</td><td rowspan="2">健康保険の被保険者</td><td rowspan="4">定率負担</td></tr>
<tr><td>国民年金の第1号被保険者</td><td>定額負担</td></tr>
<tr><td rowspan="2">年収130万円未満</td><td>健康保険の被扶養者</td><td rowspan="2">負担なし</td><td rowspan="2">厚生年金の被保険者（国民年金の第2号被保険者）</td></tr>
<tr><td>国民年金の第3号被保険者（配偶者），学生（第1号被保険者）</td></tr>
</table>

若干複雑で，主たる生計維持者の扶養関係に入るか，また自らの名前で被用者保険に加入するかどうかは別の問題である。これらの関係で社会保険の負担と給付の関係は大きく変わる。これらの適用関係をまとめたのが表13－1である。

この表を見ると，負担をしなくてもよいのが「被扶養者であって正社員でない」というのがわかる。つまり，現在の仕組みでは労働時間と年収の調整をすることで社会保険料の負担を免れることになるのである。

2） 被扶養者と非正規労働者の医療・年金保険適用関係

非正規雇用の特徴②は契約期間が定められていることである。一般的に正社員は終身雇用（定年までは原則として解雇されず，退職しない）なのが通例であり，被扶養者をはじめとする非正規労働者は長期にわたって働くことを予定していない。そこで契約期間を定めて必要な限りそれを更新するという取扱いをしてきた。ところがこのような働き方を常態として生計を維持する非正規労働者が増えてくると，契約の更新をめぐるルールも変更され，現在は更新をすることが期待されて暗黙の了解となっている場合や，契約更新が5年を超えると正社員と同じ扱いになるようになった。社会保険では制度によって異なるが，労働時間などの条件を満たせば契約期間が3か月でも社会保険の被保険者となることにされている。つまり，これまでは家計補助的な働き方をしていた被用者であっても，現実として正社員とあまり変わらない働き方をするのであれば被用者保険に加入することになったのである。なお，近年は派遣労働者が増えているが，③の場合であれば実際に働いている会社の社会保険でなく，派遣元（派遣会社）との間で社会保険が成立することになっている。

（3）医療保険における扶養とパート労働

1） 被扶養者とパート労働者

健康保険の被保険者となるのは「使用される者」であって，通常は正社員がこれにあたる。先に見たように，パートやアルバイトの場合には被保険者とならない場合がある。もっとも，パートやアルバイトというのは会社内での呼称に過ぎないことが少なくなく，それも会社によってまちまちである。ここでは会社内でのパートやアルバイトの取扱いと健康保険制度での取扱いが異なることを確認しておきたい。

健康保険制度は被用者の医療費負担を保険化したものであるが，それは医療費負担を心配しなくて済むためにある。同じことは，被保険者の家族の医療費負担にもあてはまる。被用者が家族の医療費負担を心配しなくてよいことは，使用者にとってもメリットがある。そこで健康保険制度では，被用者の家族，つまり被扶養者もその対象としてきた。それゆえに，被保険者と被扶養者では医療保険での取扱いが異なることに留意したい。

2） 健康保険証の「家族」が意味するもの

あなたは保険証や医療機関の窓口で,「家族」という表記があるのを見たことがあるかもしれない。これは保険に加入しているという意味での「被保険者」と被保険者に扶養されている「被扶養者」(「家族」と言われる）では考え方が異なることを意味している。被保険者というのは保険に加入して保険料を納付している人のことを言う。ところが，被扶養者には負担能力がないから保険料を納付することができない。そこで健康保険制度では，健康保険の財源を負担している使用者と被保険者全員が共同して被扶養者の医療費を出すことにした。

図 13 − 1のように，被扶養者が保険医療機関に支払った医療費は負担能力がある被保険者が払っているのだから，その費用をあとで保険者

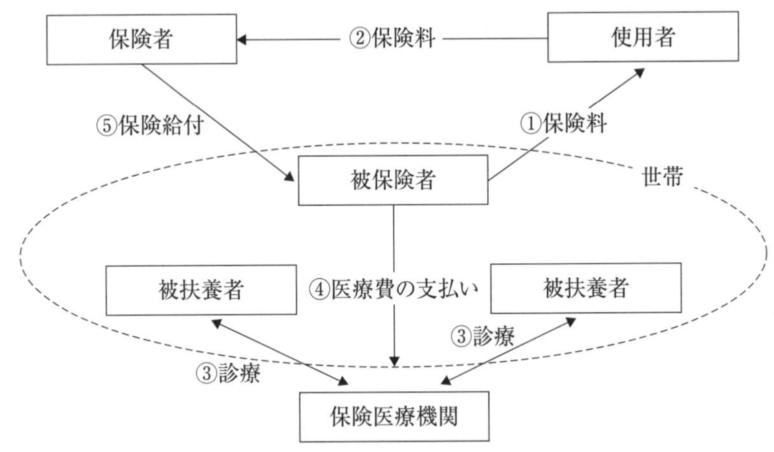

図 13 － 1　健康保険の被扶養者（筆者作成）

から被保険者に払い戻す，ということを形式的に行う。その結果，被扶養者は医療保険の保険料を負担せずに保険診療を受けることができる。もっとも現実的には，被扶養者であっても保険証を持って保険医療機関で療養を受けて保険医療機関の窓口で一部負担金を支払う。ただ，法律の形式では被扶養者がいったん全額を窓口で払い，そのうち保険給付に相当する部分について被保険者があとから償還払いを受けることになっている。これを家族療養費といっている。しかしこれでは煩雑なので，被保険者であっても被扶養者であっても見かけ上は同じやり方で費用を負担しているのである。

（4）年金保険における扶養とパート労働

1）　年金制度の負担と給付

同じことは年金でも当てはまる。ただ，年金では問題の現れ方が医療保険とはまったく異なる。医療保険における扶養の問題は受けられる医療の内容が変わらないのに負担関係が変わるというものであった。表13－1で見たように，年金における主な問題は扶養されることで負担を免れるか（扶養から外れることで負担が増すかどうか）という問題だけでなく，扶養から外れることで年金が増えるかどうか，という側面の問題がある。

2）扶養と年金の公平性

表13－1を見ると，被扶養者の配偶者がパート労働時間を調整して扶養から外れないようにしていれば国民年金の保険料を納付せずに，老齢基礎年金や障害基礎年金を満額受給することができることがわかる。他方で，共働き世帯や自営業者の世帯は夫婦2人とも保険料を納付しなければ満額の年金を受けることができない。これは不公平ではないのか，ということが指摘された。これを第3号被保険者問題と呼んでいる。

例えば，共働きのAさん夫婦，妻が専業主婦のBさん夫婦，2人とも自営業のCさん夫婦がいるとする。そしてAさんの妻は第2号被保険者として厚生年金の保険料を負担し，Cさんの妻は第1号被保険者として国民年金の保険料を負担する。そしてBさんの妻は第3号被保険者なので保険料を負担することはない。しかしこの3人の妻が高齢者になったときは同じ金額の老齢基礎年金を受給することになる。Aさんの妻とCさんの妻は高い保険料を負担したのにBさんの妻と同じ年金を受けるというのは不公平ではないか，という問題である。

これについて少し考えてみよう。仮にAさん夫婦，Bさん夫婦，Cさん夫婦の世帯収入が毎月同じ40万円だったと仮定する。その場合の保険料額と年金額は表13－2のようになる。

この表を見ると，Aさん夫婦とBさん夫婦では，世帯収入が同じであれば保険料額が同じで，受け取る年金の総額も同じになる。この状態で共働きのAさん夫婦と片働きのBさん夫婦で不公平が生じていると言

表 13 － 2 年金保険料と年金額（筆者作成）

	国年保険料	厚年保険料	老齢基礎年金額	老齢厚生年金額
A 夫（20 万円：2 号）	0	18,000	65,000	50,000
A 妻（20 万円：2 号）	0	18,000	65,000	50,000
A 世帯合計		36,000		230,000
B 夫（40 万円：2 号）	0	36,000	65,000	100,000
B 妻（0 円：3 号）	0	0	65,000	0
B 世帯合計		36,000		230,000
C 夫（40 万円：1 号）	16,500	0	65,000	0
C 妻（0 円：1 号）	16,500	0	65,000	0
C 世帯合計		33,000		130,000

※保険料額・率，報酬額は計算単純化のためにおよその数字である。
※厚年保険料には事業主負担を含まない。

えるだろうか。つまり，厚生年金の適用でみると，確かに個人単位では不公平であるが，世帯単位では公平な制度であるといえよう。

3） 自営業者と被用者の公平性

これに対して同じ世帯収入のＣさん夫婦は受ける年金額が少なくなる。これは厚生年金に加入していないからであるが，Ｂさん夫婦とＣさん夫婦では明らかに不公平が生じているように見える。それではこれが不公平なのであろうか。これを考えるには年金制度の財政構造を知っておく必要がある。

第２号被保険者が加入する厚生年金の保険者は，被保険者と事業主からそれぞれ厚生年金の保険料を徴収する。このうち一部を基礎年金拠出金という名称で，第２号被保険と第３号被保険者全体の基礎年金保険料相当分にまわすことにしている。つまり，第３号被保険者に支給される

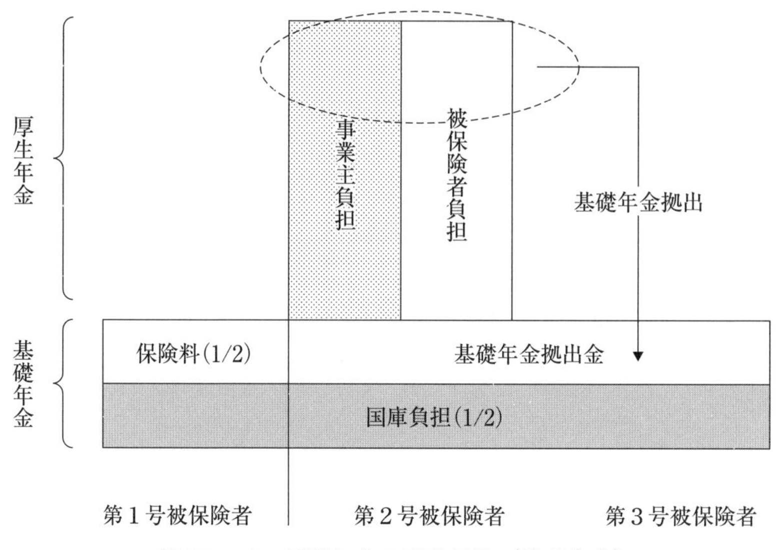

図13－2　基礎年金の財政構造（筆者作成）

基礎年金分は，第2号被保険者と事業主が共同して負担することになる。これに対して第1号被保険者の保険料は基礎年金拠出金とは別会計で保険料を徴収する。結局，第1号被保険者の保険料と第3号被保険者の受け取る年金とは関係がない，ということになる（もっとも厳密には基礎年金拠出金の算定方法などでまったく関係がないとは言えないが，その影響は少ない）。結局のところ，第1号被保険者と第3号被保険者はもともと異なる制度なので，単純に比較することはできないのである。

それではなぜこのように個人の公平を犠牲にして世帯の公平を守ったのか。それには歴史的な経緯がある。図13－3のように1985(昭和60)年に基礎年金制度を導入した際，専業主婦を強制加入させて第3号被保険者制度を作ったのであるが，そのときに世帯単位の負担と給付の関係を変えずに妻の名前で年金を受給することができるようにしたのであ

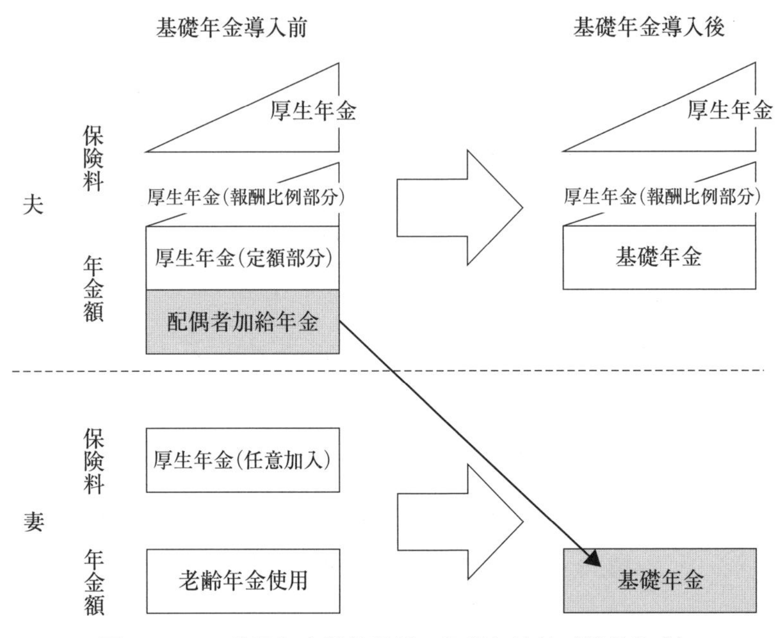

図 13 ― 3　基礎年金導入前後の負担と給付（筆者作成）

る。

4）　若い時期の所得格差と高齢期の年金格差

表 13 － 2 をもう一度見てほしい。これを見てわかることがいくつかある。1つは，C さん夫婦の所得が高くても低くても年金に関しては同じ保険料が徴収されるということである。仮に C さん夫婦の所得が低くても保険料は定額なのだから，保険料負担が逆進的である。そして C さん夫婦の所得が高くても同じ保険料で同じ年金額なのだから，老後の所得保障としては心許ないかもしれない。これは，自営業者ならば自分で生活設計できるだろうということに由来している。国民年金の保険料負担が重いのであれば保険料免除制度を通じて負担を減らすことができ

るが，その結果は年金額が減ることになる。

その一方で厚生年金に加入する A さん夫婦と B さん夫婦については，収入に応じて保険料負担が増えるが，年金額も同時に増える。これは，若いときの賃金水準が老後の年金額に一定程度比例することを意味しており，厚生年金だけを見ると所得再分配機能が働かないことを意味している。その結果，若い頃に低賃金労働であった人は老後も低年金になることを意味している。この点だけを見ると，年金制度は所得格差をそのまま将来に引き継ぐシステムになっているものと評価できる。

3．離婚と社会保障

（1）離婚時の年金分割

結婚が当事者の意思でできるのと同様に，離婚も当事者の意思ですることができる。しかし離婚が結婚と違うのは，これまで培ってきた生活が変わるということと，離婚後の生活の糧が婚姻しているときとは異なるということである。

この問題は特に年金制度で現れる。厚生年金制度は賃金に比例したものであるので，高賃金を得ていた者は高い年金を受けることができるが，賃金がなかったり低賃金だったりすると年金が低くなる。特に専業主婦期間が長くて正社員時期が短くその当時の給与も低かった女性の場合，離婚したくても経済的に離婚できない，という問題が生じる。男女間で賃金の格差が大きい日本社会ではこの問題は深刻である。離婚時には財産について当事者で話し合って決めるのが原則であるが，なかなかうまくいかないのも実態である。だから，離婚したら自動的に年金を２人で振り分ける，という制度を作った。これを年金分割という。

（2）専業主婦であった期間の評価：３号分割

夫が正社員として厚生年金に加入し，妻が第３号被保険者であったとしよう。その場合,夫が払ってきた厚生年金の保険料は報酬に比例する。このときの報酬はだれのおかげで得られたのだろうか。法律ではこれを，夫婦２人が共同して負担したものと考える。つまり，夫が得た報酬の半分は妻の貢献にもよるのだから，その時期に関係する夫の年金は離婚した妻にも分けて支給するべきだ，ということになる。

2008年4月以降，第２号被保険者が納付した厚生年金保険料に該当する部分の年金額は，離婚した場合，第３号被保険者との間で２分の１ずつ受け取ることにした。これを３号分割という。つまり，第３号被保険者であった期間でも離婚した場合には老齢厚生年金を受け取ることができる。

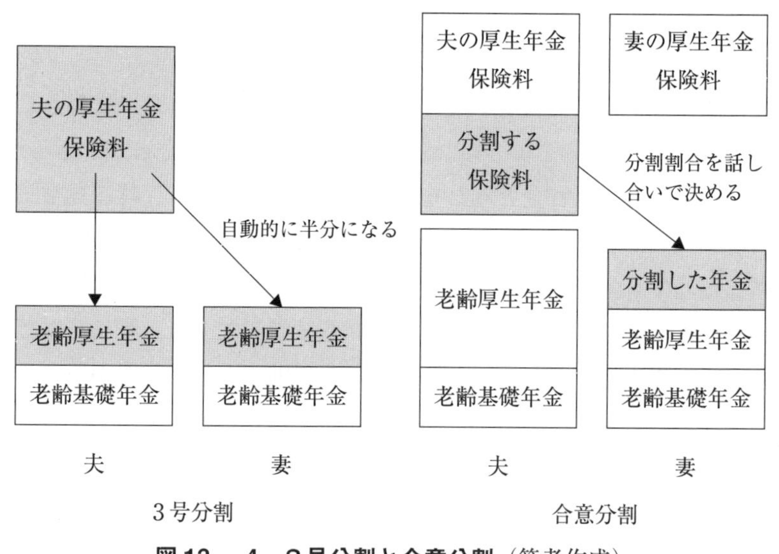

図13－4　３号分割と合意分割（筆者作成）

(3) 合意分割

第2号被保険者同士の夫婦でも，夫と妻で所得格差があることが多い。そこで，離婚するときには夫婦で合意した割合，あるいは家庭裁判所が決めた割合まで年金額を改定する。これを合意分割という。合意分割の按分割合は夫婦それぞれの婚姻期間中の報酬の2分の1を上限とするので，2人の年金額をまったく同じにするわけではない。

4. ひとり親と社会保障

(1) ひとり親に関する考え方

子どもが健全に成長・発達するためには，家庭環境と経済状況が安定していることが望ましいであろう。しかし家族関係が大きく様変わりする中，三世代同居家族や両親がそろった核家族が典型的な例とは言えなくなってきた。特に子育てを1人でこなす，ひとり親は仕事の上でも子育ての上でも大変な苦労を強いられることが少なくない。

ひとり親に対する社会保障の考え方は，若干複雑である。親自身に着目すると，日常生活上の相談や職業に就くための支援といったような非金銭的ニーズと，就業が限られてしまうことによる生計維持のための収入不足，1人で子育てするための支出といった金銭的なニーズがある。子どもから見ても，親が働いている間の支援や相談相手などの非金銭的なニーズがある一方で，学校や部活で必要な費用などの金銭的なニーズがある。ただこれらのいくつかはひとり親であろうとなかろうと必要になるものも少なくないため，子育て支援と重複するものも多い。

問題は，社会保障制度がひとり親をどう考えてきたかということにある。ひとり親の状態になるのには2つのパターーンがある。1つは，両親のうちいずれかが死亡した場合である。特に生計維持者が死亡した場合，多くは備えなしに生活の糧を失うというリスクが発生したことになるから社会保険制度で事前に対応策をとることには合理性がある。

もう1つは，離婚や未婚のように，当事者の意思でひとり親になることを選択した場合である。もちろんそこに至るにはやむにやまれぬ理由があるのだから「選択」という言葉が適切であるとは限らない。しかし，離婚や未婚は避けることができるのであって，国家がそれを後押しするような政策を取ることにはためらいも生じる。仮に離婚に対する所得保障ニーズに社会保険制度が対応したとしても，その保険料を納付している被保険者が納得するとは限らない。そこで，離婚や未婚に対しては社会保険を給付しないのが一般的である。

しかしそうは言っても，子どもの目から見れば違うことが言える。子ども自身の生活や成長・発達に欠かせないニーズなのに，親が死亡したかそれとも離婚したかによって生活費を得られるかどうかが変わることには納得できないであろう。そこで社会保障制度では，離婚や未婚も対象にするけれども，理由に応じて別の制度が作られている。

(2) ひとり親世帯への支援事業

ひとり親世帯の日常生活全般については，ひとり親家庭等日常生活支援事業がある。これは乳幼児の保育や児童の生活指導等について，一時的に生活援助や子育て支援が必要な世帯に家庭生活支援員の派遣などを行う事業である。各種の情報提供や相談についてはひとり親家庭等生活向上事業が，就業に関する支援サービスや面会交流支援などの生活支援サービスについては母子家庭等就業・自立支援事業がある。健康の維持管理など生活面にさまざまな問題を抱えるひとり親の生活基盤の安定を図るために，ひとり親家庭等生活向上事業も実施されている。また，公営住宅の優先入居や保育所の優先入所・放課後児童健全育成事業等の配慮，公共施設内での売店の設置などでの優遇措置を受けることもある。

このように，その時々の困った問題類型や相談支援の設置主体ごとにさまざまな事業が展開されているが，問題は，これら数多くの制度のうちどれが自分に合っているかを判断するのが難しいことである。事業主体が異なれば相談先をたらい回しにされるし，自分に何が必要なのかを本当に理解してきちんとそれを説明することもなかなか難しい。ただでさえひとり親になったという精神的重圧がある状況では正しい判断をすることが難しいだろう。ワンストップ・伴走型での支援が整備されることが望ましい。

(3) 遺族に対する所得保障

生計を維持する人が死亡した場合，遺された遺族はどうやって暮らしていけば良いだろうか。生計維持者の死亡は予期せぬ出来事なので，社会保険制度で事前のリスク分散が適している。これまで見てきたように日本の年金制度は基礎年金と厚生年金の2階建て制度を基本としているが，遺族年金もこの中で運営されている。ただし，遺族年金については基礎年金と厚生年金でその制度趣旨と内容，対象者が大きく異なっていることには留意が必要である。

遺族に対する基礎年金を遺族基礎年金という。遺族基礎年金が支給されるのは，①国民年金に加入していた人が亡くなった場合，②亡くなった方が亡くなるまでの間に本来納付しなければならなかった保険料を3分の2以上納付していた（免除・納付特例・3号被保険者の期間を含む）とき，その遺族に支給される。遺族基礎年金を受けることができる遺族は，①死亡した方によって生計を維持されていた18歳未満の子（障害がある20歳未満の子を含む）のある配偶者か，②子に限られている。つまり，子どもがいなければ支給されないので，遺族基礎年金は子どもが成長するまでの経済的な支援という位置付けである。なお，年金額は満額の老齢基礎年金と同額である。

遺族厚生年金は，①厚生年金に加入していた人が死亡した場合，②厚生年金に加入していたけれども病気療養などで退職してから５年以内に死亡した場合，③老齢厚生年金や障害厚生年金を受給していた人が亡くなった場合に支給される。つまり，その原資が賃金であろうと年金であろうと，その収入で生計を維持されていた人が遺族厚生年金を受給するのである。これは，年金を受け取ることができる遺族の範囲にも反映する。つまり遺族厚生年金の遺族の範囲は，亡くなった方によって生計を維持されていた①遺族基礎年金を受けることができる者，②配偶者（子の有無を問わないが，妻が亡くなった夫の場合には 55 歳以上に限られる）か子，③ 55 歳以上の父母，④孫，⑤祖父母の順番になっている。これに見られるように，遺族厚生年金は子どもの有無に依らず，生計維持者が亡くなった場合にその遺族の生活を安定させることが目的となっている。なお，年金額は亡くなった方が受けるはずであった老齢厚生年金額の半額である。

このような２つの遺族年金制度の性質の違いは，受給者の違いに反映する。つまり，遺族基礎年金は子どもがいるひとり親が受給者の中心になるが，遺族厚生年金は夫に先立たれた高齢の妻が中心になるのである。遺族厚生年金の中心が高齢の妻になるのは，日本の労働市場における女性の働き方に大きな関係がある。つまり，遺族厚生年金は妻が専業主婦であった場合には妻自身の老齢厚生年金がないことの代替として機能する。妻が働いていたとしてもその期間が短いとか女性の低賃金ゆえに老齢厚生年金額が低くなることが多く，夫が死亡したことによる遺族厚生年金を受け取ることが多い。その結果，遺族厚生年金を受給しているのは，ほとんどが高齢の女性になっている。

これまで，夫が正社員として働いて妻が専業主婦をするというモデルで作られてきた遺族年金は，その前提条件が大きく変わってきている。男女がともに働いて同じ仕事をするならば同じ賃金を得るべきだ，という考え方が支配的になっている中，遺族年金をこのまま残しておくことは時代の流れに逆行する。しかし理想と現実は別であって，まだまだ家計補助的な働き方をする女性が多い（強いられる場合もあるし，選択することもある）ことも無視できない。単に平等や公平の理想論だけで，制度を急激に見直すことには慎重であるべきだ。

一方で，社会の変化に制度が対応していないのも事実である。特に，男女の性別役割分業観に基づいた制度の見直しは急務である。たとえば，夫が亡くなった場合に妻には年齢条件がないのに，妻が亡くなった場合に夫がその時点で 55 歳以上でなければ遺族厚生年金を受給できないというのは不合理である。これは男性が生計維持者として 55 歳未満ならば働かなければならない，働くことができるはずだ，ということを前提条件としているからである。

（4）離別したひとり親への所得保障

1）　ひとり親への社会保障：児童扶養手当

ひとり親になった原因が離婚や未婚である場合には遺族年金の対象とならない。離婚や未婚は社会保障が対応すべき不可避のリスクではないからである。しかしこれを子どもから見ると，所得保障の必要性が高いことには離別と死別で変わりがないのに，生活が苦しいのは納得できないだろう。

そこで，離婚や未婚，遺族年金を受けられないような母子・父子世帯には児童扶養手当が支給される。父母がいない場合には児童を養育する人がその対象となる。

児童扶養手当の対象となる児童は，父母が離婚した場合や婚姻によらないで出生した場合に限られない。両親のいずれかが重度の障害者，父または母がDV保護命令を受けている場合，父または母が1年以上拘禁されている場合などもその対象となる。ただし子ども自身や養育する父または母が日本に居住していない場合には支給されない。

児童扶養手当の財源は公費であるので，所得制限がある。所得制限基準は年度や世帯構成によって変動があるので実際にどうなっているのかは調べてほしい。児童扶養手当を受給している人の多くは母子世帯の母親であって，働くことができる人がいるし，実際に働いている人も多い。そうすると，シングルマザーが働いて収入を増やすと児童扶養手当を受けることができなくなるかもしれず，働く意欲を失わせるかもしれない。そこで，働いて得た額が一定額を超えても全額を支給しないのではなく，働いて得た額の一定額は手元に残るように制度設計されている。

児童扶養手当の多数はシングルマザーであるため，離婚した父親から養育費を受けることもある。その場合，受けた養育費のうち8割が所得制限の基準に算入される。つまり，離婚した配偶者からの養育費に応じて児童扶養手当が減額されることになるのだから，子どもへの扶養と社会保障としての児童扶養手当は一部代替的な機能を持っている。

2） 児童扶養手当の減額とシングルマザーへの支援

児童扶養手当は離婚したシングルマザーに対する公費による支援なのだから，市民からの目が厳しい。特に働くことができるのにあまり働かず，児童扶養手当で生活しているのではないか，ということに対して世間の目は厳しい。このようなことから，児童扶養手当の受給開始後，5年を経過した場合または手当の受給要件に該当してから7年を経過した場合には，手当の半額が支給停止となる。生活の激変から数年経つと生活が落ち着いて子どもが成長するから，仕事をすることで収入を得ることができるであろう，という考え方である。ただ，実際に就労している，仕事を探している，病気などで仕事をすることができないような場合には，このように給付が減額されることはない。そして実際にはこの例外措置が適用され，給付の減額を受けている人はほとんどいない。

それでも働くことができるのに働いていないシングルマザーがいるならば，その就労を促すことは必要である。そこで児童扶養手当受給者の母子・父子自立支援プログラム策定事業が実施されている。これは都道府県や市町村がひとり親に対して個々の実情に応じた自立支援プログラムを策定し，ハローワークなどの関係機関と連携してきめ細やかな就労支援を行うものである。具体的には，個別の面談で本人の生活状況，就労意欲等について状況把握を行い，本人のニーズに応じた支援メニューを組み合わせた自立支援プログラムを策定する。目標達成後も達成状況を維持することができるよう，アフターケアを行うことまでがこのプログラムの内容になっている。

ただし，このような人はそれほど多くない。各種統計でわかっているが，日本のシングルマザーは各国に比べて就労率が高く，労働時間も長い。しかし非正規労働者が多く，賃金額が低く生計を維持することが難しいので，マルチジョブホルダーとして複数の仕事を掛け持ちしながら子どもを育てている人がかなりいる。自立を促す仕組みが，そのような状態のシングルマザーたちを追い込んでしまうという面があることを忘れてはならない。

3）　扶養・養育費と社会保険：健康保険の被扶養者は誰か

社会保障における家族や扶養は，単に経済的関係の生活基盤として見るだけであるが，私たちの暮らしでは精神的な関係が重要である。経済的には扶養するけれども，精神的にはつながりがなくなっているということもあるかもしれない。この逆に，精神的には強いつながりがあるけれども，経済的には扶養することができない，ということもあるかもしれない。この問題の典型例が健康保険である。

被用者を対象とする健康保険制度は，被保険者に被扶養者がいても標準報酬が変わらない限り保険料額が変わるわけではない。そして被扶養者の認定は，被保険者の収入によって生計が維持されているかどうかで決まる。また，扶養者と被扶養者は必ずしも同居していることが条件ではない。

たとえば，夫のDVが原因で離婚した元夫婦と，その間に幼子がいるとする。元夫はかなりの高収入を得ている被用者であり，元妻は子と一緒に暮らすが非正規労働者で収入が少ない。元夫と元妻との間には法律的な関係がなくなっている。しかし元夫と子どもの間が親子の関係であることには変わりがない。元夫は幼子に愛情があるので妻の収入を大幅に上回る多額の養育費を毎月支払っているが，元夫と元妻の間には交流がないという場合，幼子が持っている医療保険証の扶養者はだれになるのだろうか？　つまり，子の保険証はだれの保険証になるのであろうか？

裁判所はこの問題について，元夫の扶養であるとした。つまり，子の主たる生計は元妻の収入を上回る養育費によって成り立っているのだから，生計維持者は元夫だ，ということである。このように，生計維持関係は経済的依存関係と言い換えることができるかもしれない。

しかしちょっと考えてほしい。この幼子は父親が母親にDVをしているのを見ているかもしれないし，父親のことをどう思っているのかはわからない。母親も同居する幼子の保険証が元夫の扶養というのが，腑に落ちないだろう。そもそも元夫も幼子を扶養するかどうかによって保険料負担が変わるわけではないし，元妻が同居する子を扶養しても負担が増えるわけではない。変わるのは健康保険証の扶養をめぐる感情問題・不快感だけである。ただこれを元夫のほうから見た場合，幼子が病院に行くときに父親に扶養されているということを思い出してほしい，という感情があることも理解できる。このように，社会保障制度が私たちの暮らしに根差しているがゆえに，単に経済的な関係だけでは割り切れない感情が残ることも事実である。

学習課題

1．扶養と社会保険の適用関係についてまとめましょう。
2．法律婚でない婚姻について，社会保障制度がどのような対応をとるべきか考えましょう。
3．ひとり親の社会保障について，死別と離別の場合にどのような制度があるかを分けて説明しましょう。

参考文献

赤石千衣子『ひとり親家庭』（岩波書店，2014 年）

14　失業・仕事探しと社会保障

《目標＆ポイント》　本章では，企業の倒産や解雇，辞職などによって仕事を失ったときの社会保障制度について学ぶ。仕事を失うことを一般に失業といい，失業時の所得保障制度を担っているのは雇用保険制度である。これはなぜ「失業保険」ではないのか。その点を考えるのがこの制度のカギとなる。つまり，仕事をしている人が加入するのは「雇用」に関するリスクに備えるためであり，「失業」はその一部に過ぎないのである。本章では，雇用に関するリスクを考えるとともに，転職をしやすくするための制度についても学ぶ。
《キーワード》　失業，雇用，失業等給付，二事業，求職者給付，基本手当

1．社会保険としての失業

（1）失業の責任

働いている人が仕事を失うと，収入が途絶えてしまう。収入が途絶えると生活が困難になってしまうかもしれない。働いている人にはそのようなリスクがあるから，社会保障制度が失業に関して何らかの措置を講じておくことが重要であろう。

しかし考えてみると，仕事を失うことに備えることは社会保障の役割なのであろうか。そもそも社会保障制度は人為的に発生させたリスクについては対象としない。人為的に発生させたリスクによって生活が困難になるとしても，そのリスクを発生させた責任がある人が生活困難となった人の生活を維持するべく責任を負うべきだ，というのが正義に適うからである。

それでは失業というのは誰の責任なのだろうか。会社が経営難などの経営上の理由で労働者を解雇する場合には会社が責任を負うべきである。働いている人が自分から辞める場合には，働いている人が辞めたあとの生活を準備しておくべきである。そして，会社と労働者との間であらかじめ取り決めておいた働く期間が満了する場合，その後の生活は次の仕事を探すなり，貯金して当座の生活を凌ぐなり，事前に準備することができるだろう。このように考えていくと，失業が労使の一方に責任がある場合には責任がある人が負担すべきであって，社会保障で行う必要はないともいえる。

しかしこれは机上の空論である。仕事を辞める・辞めさせられるというのが，どちらかの一方的な責任であると断ずるのは難しい。たとえば，仕事のストレスでどうしても続けることができないので辞表を書いて退職するような場合は，会社が悪いのか労働者が悪いのかを一方的に決めることができるだろうか。ストレスを抱えて辞表を提出した労働者が次の仕事をすぐに見つけることができるだろうか。見つけることができない場合，仕事を探している間の生活費をそれまで十分に蓄えることができたであろうか。その一方で，辞職に追い込むほどのストレスを与えるような仕事をさせてきた会社は，次の仕事が見つかるまで辞職した元労働者に何もしなくてもよいのだろうか。

他方で，会社を経営しているほうから見ると，経営難に陥った場合にはできるだけ従業員を解雇しないようぎりぎりの経営を続ける。経営資金が底を尽きてこれ以上の経営を続けることができなくなるまで，税金や取引先への支払を優先する。それも尽きて会社が倒産しても，労働者に賃金や生活費を支払うことは現実には難しい。そうすると，会社の倒産を防ぐべく頑張ってきた労働者は，会社から十分な補償を受けることができないばかりか，倒産前に倒産を予期して次の仕事先を探しておくような時間的なゆとりもない。そして企業にとっても倒産は予期せぬ出来事であるだろうし，企業が倒産するような景気の悪化を起こすような経済政策の舵取りを誤った国家にも責任があるかもしれない。

このように考えていくと，失業したときの所得保障を責任がある人だけに押しつけることは難しい。それだけでなく，失業は予期できるから事前に準備しておくべきだ，というのも現実的ではない。

(2) 失業に関する所得保障制度

それでは，失業に備えてどのような所得保障制度を考えることができるだろうか。仮に失業に関する社会保障制度がないとすれば，民間の保険会社が失業保険制度を売り出すことができるかどうかを考えよう。

民間の保険では保険料や保険給付の内容を自由に契約で定めることができ，それに加入したいと思う人だけが加入する任意加入になる。また，民間の保険会社は一定の利益を上げなければならない。そうすると，失業リスクが高い人の保険料は高く設定され，リスクが低い人の保険料は低く設定される。失業リスクが高い人は非正規労働者や低賃金労働者が中心であり，失業リスクが低い人は企業にとって有用な高賃金の正規雇用労働者が中心となる。そうすると，非正規労働者は高い保険料を嫌って保険に加入しないし，正規労働者は会社が解雇しないから保険に加入するメリットが少ない。この結果，民間の失業保険は成立しない。

しかし失業保険がない社会で暮らすことは不安である。企業は自己の経営状態を正確に把握することは困難であるし，低リスク労働者が突然解雇されることもあるかもしれない。このような状態は企業にとっても労働者にとっても不安であり，望ましいものではない。したがって，失業に備えた何らかの所得保障制度を社会全体で事前に準備しておくことが望ましいということになる。

それでは，失業を社会保障制度で行うには，どのような方策があるのだろうか。大別すると，失業している人には国家が職を与えるべきであるが，それができないので全額国庫負担で失業者に特化した生活保護制度である失業扶助制度を行うというものと，助け合いの精神に基づく社会保険で行う，というものがある。

ここでも問題になるのは，だれが失業の原因を作り出した責任を負うべきか，ということである。確かに国家には経済政策を誤ったことで企業経営を困難にさせた責任があるかもしれない。しかし失業は人為的なので，労使の責任を否定することができず，むしろそちらの責任が重い場合がある。そもそも失業が望ましくないのであれば，失業を防止するためにも労使に負担させることによって，安易な解雇や離職を誘発しないようにすることができる。そうすると，失業に関する所得保障制度は，労使が保険料を出し合い，国家がそれを補助する社会保険方式が望ましいということになろう。

（3）失業保険の態様

日本の雇用保険制度は，労使が拠出する保険料に国庫負担が加わる社会保険方式で運営されている。ところがこれは必ずしも一般的な考え方でもないのである。医療費をだれが負担すべきかということについて国によって対応が異なるように，失業についても国によって異なる制度が採用される。

日本の雇用形態は長期雇用が中心である。したがって，1つの企業で働き続けることができなくなった場合，次の働き口が見つかるまで所得保障の必要性が高い。これに比べ，1つの会社にとらわれることなく，離職や転職が繰り返される労働市場が形成されている場合はどうであろうか。労働者は今働いている会社より少しでも有利な労働条件があればその会社に移ることが多く，会社もそれを前提に労務管理をしているのであれば，職探しをして失業している期間は長くならないであろう。

そうすると，職探しをする間に所得保障が必要となるのは労働者の意思によらずに解雇されたときに限られ，労働者本人から辞職の申出をした場合には次の仕事が見つかっているだろうから所得保障の必要がない。このような場合の失業保険は，使用者による解雇補償の損害賠償責任を保険化したものになるので，労働者があらかじめ保険料を拠出しておく必要はない。このような解雇補償保険としての失業保険制度は，アメリカのいくつかの州でみられる。

これとは対照的に，失業状態は企業経営の失敗だけでなくて，労働者と仕事のミスマッチによっても生じる。そうすると，失業の責任は労使双方にあるのだから失業者が受けるべき所得保障の内容は労使が話し合って決めるという方式が採用されることがある。つまり，労働組合と使用者との間で取り決められる労働協約によって失業保険制度を決めるという方式である。これだとできるだけ費用負担したくない労使ともに失業を減らすという点で利害が一致する。この方式は，団体交渉による労働協約での労務管理が進んだフランスで採用されている。

もう１つの考え方は，すでに見た国と労使の三者がそれぞれ独自の責任を負うべきであるから，三者が負担する保険料を原資とした社会保険制度として行うものである。この場合には使用者の解雇補償だけでなく，労働者の辞職にも適用されることになる。もっとも，安易な辞職を誘発しないようにするため，労働者の辞職を契機とする給付は制限的に行われることが少なくない。

これらとは全く対照的に，失業はいわば産業社会全体の被害者であるから，国家がその生活費を保障すべきだという考え方も成り立ちうる。この場合には全額国庫負担による給付となるので，生活保護制度に近いものになる。したがって，単に仕事をしていないだけでなく，資産や所得がどの程度あるのかの調査が必要となる。それだけでなく，産業にとって有益な人材を放置しておくわけにはいかないし，費用を負担する納税者としても納得できないだろうから，失業者の再就職に向けた措置が義務づけられ，それに従事しないときには給付が打ち切られるなどの制度が設けられる。

いずれの制度が望ましいかを決めることはできないが，これらの制度には一長一短があるので，いくつかの制度が組み合わされて運用されている。どのような組み合わせが適切かは，各国の方法で民主的に決定される問題である。

（4）失業保険の逆機能

失業保険制度は，失業者に対して所得を保障する制度である。失業者にとっては資産を処分したり資力調査を受けることなく，生活が保障される点で重要な制度である。しかし，失業は人為的に作り出される。これは人為的に発生するというだけでなく，人為的に継続するということも意味している。つまり，本当は仕事が見つかってすぐにでも働くことができるのに，失業保険給付で生活ができるので，無理して働かずに失業保険給付を受け取っておこうという行動を防止することができない，ということである。

このような現象が生じるのは失業保険制度に３つの問題があるからである。第１に，失業保険給付がどの程度の期間給付されるのか，ということである。給付される期間が長期にわたって保障されていると，苦労して働かなくても失業保険給付だけで生活できてしまうので再就職をする意欲を失い，ひいては働く意欲をなくしてしまうかもしれない。反対に，給付される期間が限定されていると，本来ならば再就職することができるにもかかわらず，支給期間ぎりぎりまで失業状態を延ばしておいて，じっくり休んでから再就職することもあろう。

そして第２に，失業給付の給付水準がどの程度なのか，という問題である。仕事を探している間は通常の生活費はもとより，職探しのための費用も必要となる。もしも失業給付制度が寛大で高い給付水準が保障されているとするならば，それだけで生活することができる。かといってあまりに低い給付水準を設定すると生活が成り立たなくなってしまう。

これに関連して第３が，前職の賃金水準と失業給付の水準，そして再就職後の賃金がどのように設定されるのか，である。日本の雇用慣行は年功序列賃金なので，一定期間以上働いた賃金が高額になることが多く，失業給付はそれよりも低くなる。これをカバーしてより高い賃金が得られる次の仕事を探そうとするが，再就職先の賃金は低く抑えられており，失業給付よりも低くなることが多い。そうすると，再就職条件との折り合いがつかず，なかなか再就職先が決定しないまま失業状態が長期化することが少なくない。

確かに失業している間の所得保障制度は，失業給付の支給期間ができるだけ長いほうが望ましく，給付水準が高いほうが望ましい，と考えがちである。しかしこうした寛大な制度設計は，結局安易な失業（会社の解雇や労働者の離職）を誘発するだけでなく，失業者の再就職条件が高いまま能力が低下していくことで失業状態が長期化し再就職が難しくなってしまう。これらは失業者にとっても社会にとっても損失である。このように，失業給付が寛大であることは必ずしも望ましいものではないのである。

（5）失業保険と雇用保険

このように見てくると，失業しているときの所得保障は，現在仕事をしていないから生活保障に必要なお金を受け取るというのではなく，仕事を探しているけれども見つからないのでその間の生活費を補填するための仕組みにすべきだということになる。つまり，求職活動をしやすくするための所得保障制度が中心的な考え方となる。この意味で日本には一般的に言われている「失業保険」は存在せず，求職活動をしている間の所得保障である「求職者給付」が存在する。そして求職者に関する給付は何も求職活動を容易にするだけではなく，雇用全般に関する社会保険制度として成立発展していることから，制度の全体を「雇用保険」と呼ぶ。

問題は，雇用に関する保険には具体的に何を含めるべきかということである。現在働いている労働者から見ると，仕事を続けることが困難になるような事柄，つまり育児や介護，病気などで仕事を続けられなくなることを防ぐことがまずは大切である。それから社会が変化しても職業能力が対応できるように，仕事をしながらトレーニングを受けることもまた，重要になる。

使用者から見ると，できるだけ雇用を維持する仕組み，つまり急激な景気変動があっても労働者を解雇しなくて済むような助成金，社会の変化に応じて仕事内容や作業内容を変更する場合の労働者に対する教育訓練の費用が必要である。

失業者から見ると，仕事を探している間の所得保障はもちろんのこと，新しい仕事を探すための準備としての職業訓練，履歴書の書き方から面接の受け方といった仕事探しのスキルの問題，自分の生活を考慮して自分にどのような仕事があるかを考えるというような，仕事探しの前にしておくべきことも給付の中味に含まれることになろう。これらに対応する給付は後に見ることにしよう。

2．雇用保険の保険関係

（1）雇用保険の被保険者と保険者

雇用保険の被保険者は，適用事業所に雇用されている労働者である。もっとも，1週間の所定労働時間が20時間未満である者，同一の事業主に継続して31日以上雇用されることが見込まれない者は対象とならない。適用事業所は規模の大小や法人であるかどうかは無関係なので，健康保険や厚生年金よりも広い範囲に適用される。つまり，誰かに雇われて働いている人は，年齢や賃金額にかかわりなくすべて被保険者として雇用保険に加入することになる。

このような条件に合致する人は，必ず雇用保険制度に加入して保険料を納付しなければならない。私は失業しないから加入しない，ということは許されない。これは同時に使用者が「うちの会社は退職者を出さないから雇用保険に入らない」といっても，加入が義務付けられ，保険料の負担を避けることはできないのである。

ただし，これらに合致していても，大学等の学生，公務員には適用がない。学生は家計補助的な働き方をしているから保険料を負担させてまで加入させる意味が薄く，公務員は雇用が安定しているし，退職するときには法律で退職金が整備されているからというのがその理由である。制度発足時はそれでよかったのかもしれないが，今では学生も公務員もそのような取扱いでよいのかは議論の余地があろう。

雇用保険では誰が保険者となるべきであろうか。民間の団体が保険加入と保険料の納付を義務づけることはできないだろう。これを義務づけることができるのは国になる。具体的にこれを保険給付の面から見ると，失業している人が就職活動をすることを条件に失業給付を支払う事務所ということになるから，職業紹介事業を行う公共職業安定所（ハローワーク）がその第一線の機関になる。

(2) 雇用保険の費用負担

雇用保険制度が雇用に関する出来事全般を対象にしているとしても，その中心になるのは失業に関する給付（失業等給付）である。それは雇用保険に要する費用を負担するのがだれかということと密接な関係がある。

雇用保険制度の保険料は，雇われている労働者全員の賃金総額を対象にして算定される。保険料は労働者に対して支払われる賃金総額に1.55%の保険料率を掛けた額である。このうち労働者が責任ある部分として半分を，使用者が責任ある部分として半分を負担する。そしてこれに経済政策の失敗に関する責任を持つ国が国庫負担を加える。ただ，現在は国の財政状況が良くないにもかかわらず失業者が少なく，雇用保険財政が健全なので，一時的に国庫負担が控えられている。

ところで，ある会社では労働者を大切にするので離職者が少ないのに，離職率が高い厳しい働き方を強いている会社と保険料負担は同じでいいのか，という問題が生じる。１つの考え方として，労災保険のように失業者を多く出した会社については翌年度の保険料を引き上げるというメリット制を採用することが議論される。しかしこれは別の方策で問題を解消することができる。それは，雇用をできるだけ継続するために企業が受け取る助成金について，前年度に解雇などの理由で離職した労働者を出した会社には支払わないというものである。できるだけ会社が失業状態を作り出さないようにする事業を雇用保険二事業という。この費用は会社だけが負担するものであって，いわば複数の会社の助け合いの仕組みになっているから，できるだけ解雇を出さない機能を負わせるのである。

雇用保険制度は，マクロ経済にも影響を与える。景気が良いときは労働者が増えて失業者が減る。ということは，雇用保険の給付は減るが保険料収入が増えることになるので，本来市場に流出すべきであった資金を保険者たる国家が保有することになり，その分で景気の過熱を下げる効果を持つ。これとは逆に，景気が悪いときには労働者が減って失業者が増えるので，保険料収入が減って給付が増える。つまり，保険者たる国は市場に資金を流出させることになるので景気を良くする効果を持つのである。このように，雇用保険制度は景気の自動調整機能も持つのである。

3．雇用保険の給付

（1）保険給付の種類

雇用保険制度の給付の全体像は，次の図 14 − 1 の通りである。

1）　失業等給付と雇用保険二事業

雇用保険制度は，①労働者が失業した場合と雇用の継続が困難になる事由が生じた場合に必要な給付を行うこと，②労働者が自ら教育訓練を受けること，③失業の予防と雇用状態の是正，④労働者の能力を開発することが目的である。この目的に応じて給付内容が整理されている。このうち，①と②の目的を達成するために設けられたのが失業等給付であり，③と④の目的を達成するために設けられたのが雇用保険二事業である。

2）　雇用保険二事業と被保険者になろうとする者

このうち雇用保険二事業は，会社間の助け合いによる保険のような仕組みである。会社は労働者に対して雇用を継続することができる責任を負うが，同時に，健全な産業を育成する責任を負う。そのことは何も現在働いている労働者や職を失った失業者のためだけでなく，これから社

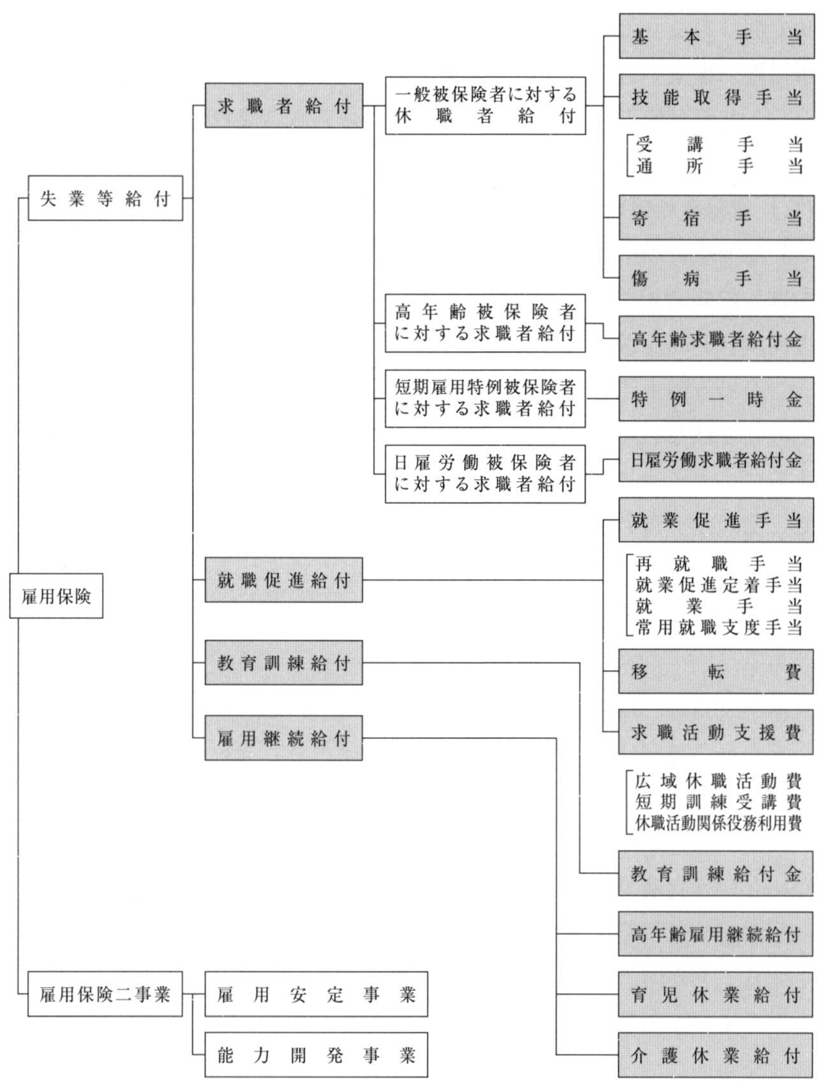

図14－1　雇用保険制度の給付概要

出所：ハローワークホームページ

会で羽ばたこうとする人の未来に対する責任も負っている。そこで，雇用保険二事業の対象となる労働者には，現在働いている労働者だけでなく，これから働こうとする就職経験がない人も含まれている。

（2）求職者給付の基本手当

失業等給付の中心になるのは，求職者給付の基本手当である。基本手当は被保険者が失業したときに，離職の日以前２年間に12か月以上の被保険者期間がある場合に支給される。

この場合の失業というのは，単に仕事をしていないということを意味するのではない。失業とは，被保険者が離職し，労働の意思と能力を有するにもかかわらず職業に就くことができない状態をいう。したがって，働きたくないと思っていたり，傷病や障害，出産などの理由で働くことができない状態は失業とは言わない。だから，基本手当を受けている間は常に就職活動をしていて失業状態にあることの認定を受ける必要がある。

基本手当は，離職後にはじめてハローワークに行って求職の申込みをしてから７日間は待期期間とされるので給付されない。この期間に再就職できるとすればそれは離職前から決まっていたからであって，短期間の失業状態は生活費の準備ができるだろうからそこまで給付する必要がないという判断である。

基本手当は受給できる日数が限られている。その日数は再就職の準備をすることができたかどうか，再就職をするにしても仕事を見つけるのがたやすいか困難か，ということで決まっている。具体的には表14－1～3を参照してほしい。

所定給付日数は被保険者期間に応じて長くなる仕組みになっている。これは，仕事を長く続けていた人ほど次の仕事探しの条件が厳しくなる

表14－1 一般の離職者に対する所定給付日数（筆者作成）

被保険者期間	1年未満	1年以上 10年未満	10年以上 20年未満	20年以上
一般被保険者	—	90日	120日	150日

表14－2 倒産・解雇・雇止め等による離職者に対する所定給付日数

（筆者作成）

<table>
<tr><th>被保険者期間
年齢</th><th>1年未満</th><th>1年以上
5年未満</th><th>5年以上
10年未満</th><th>10年以上
20年未満</th><th>20年以上</th></tr>
<tr><td>30歳未満</td><td rowspan="5">90日</td><td>90日</td><td>120日</td><td>180日</td><td>—</td></tr>
<tr><td>30歳以上
45歳未満</td><td>120日</td><td rowspan="2">180日</td><td>210日</td><td>240日</td></tr>
<tr><td>（35歳以上
45歳未満）</td><td>150日</td><td>240日</td><td>270日</td></tr>
<tr><td>45歳以上
60歳未満</td><td>180日</td><td>240日</td><td>270日</td><td>330日</td></tr>
<tr><td>60歳以上
65歳未満</td><td>150日</td><td>180日</td><td>210日</td><td>240日</td></tr>
</table>

ので，じっくりと仕事探しに専念してもらう趣旨である。逆に，被保険者期間が短い人の所定給付日数を多くすると，安易な離職を誘発してしまうかもしれないからこれを防止しなければならない。

基本手当は離職してから原則として1年以内に受け取らなければならない。つまり，所定給付日数が90日ある場合に離職して300日経過してから基本手当を受け始めたとしても，受け取れるのは65日分だけということである。離職してから次の仕事を探すまで，いったん休んでから就職活動を再開する場合には注意が必要となる。これは，離職してい

表 14 － 3　障害者等の就職困難者の所定給付日数（筆者作成）

年齢＼被保険者期間	1 年未満	1 年以上
45 歳未満	150 日	300 日
45 歳以上 65 歳未満		360 日

る期間が長ければ長いほど仕事の能力が低下するから，それによって再就職ができなくなることを防ぐためである。

基本手当の額は，賃金が高かった人は離職前賃金日額の 5 割，賃金が低かった人は離職前賃金日額の 8 割で，単純な所得比例ではない。ただ，離職の理由によって額が増減されることはない。

（3）辞めたのか，辞めさせられたのか

失業した人にとって，自分の離職理由が解雇なのかそれとも自己都合退職であるのかは重要な問題である。たとえば，50 歳で 7 年間働いていた人が離職した場合，その理由が自己都合か会社都合かによって基本手当の違いをまとめると表 14 － 4 のようになる。

表 14 － 4　自己都合退職と会社都合退職（筆者作成）

	離職後支給されない期間（待期期間・給付制限）	所定給付日数
自己都合退職	3 か月	90 日
会社都合・解雇	7 日	240 日

事業主都合の退職であるか自己都合退職であるかが書類に記載されるが，どちらか一方が100%悪い，ということはあまりない。例えば，就職したときの条件と実際に働いたときの条件が異なっていたので仕事を続けられなくなった場合，事業主からパワハラを受けて辞めざるを得なくなった場合，病気や障害状態になるほどではないが仕事が原因で体調が悪くなって続けられなくなった場合である。ただ，これらの例で辞表を提出しているから自己都合退職だとして離職後３か月間基本手当を受けることができず，所定給付日数も会社都合退職の半分の期間になってしまうことに納得できるであろうか。

ハローワークで初回の失業認定を受ける際，事業主が記載している離職票の離職理由について疑義がある場合（離職者が納得していない場合），ハローワークは改めて離職者と事業主から資料を求めたり事情を聞いたりすることがある。その結果，形式的には辞表が提出されていたとしてもそれにはやむを得ない事情があったとわかったときには，ハローワークの所長が離職理由を変更することがある。

そもそも自己都合退職の場合に３か月間待期しなければならないのは，自分で離職の道を選んだという責任は自分でとるべきであるけれども，長期にわたって仕事が見つからないのは解雇されている状態と変わらなくなるという折衷的な理由による。そうすると，形式的に辞職であっても実質的に辞職を余儀なくされたのであれば，十分に保護に値するであろう。

（4）早期の再就職促進

失業等給付を受けている人の多くは仕事を探している人である。雇用保険制度には，できるだけ早期の再就職を支援するために，いくつかの給付が準備されている。就職促進給付の就業促進手当は，受給できる所定給付日数の３分の１以上を残して再就職した場合に一時金を支給する仕組みである。早期に再就職することで保険料の掛け捨て感をなくして，再就職するときに一時的に必要となる費用を補填するためのものである。再就職したはいいが，再就職した時点での賃金が以前働いていたときの賃金よりも低くなってしまう場合には再就職をためらってしまう。そこで，再就職後に賃金が低下したけれども６か月以上働き続けて職場に定着した場合には，就業促進定着手当が支給される。また，産業構造や作業方法が変化したことで再就職をすることが難しいのであれば，職業訓練学校などに通うことで基本手当の所定給付日数を超えて受給することができる。その場合の受講に要する費用受講手当や通所手当も雇用保険から支給される。

学習課題

1．雇用保険制度が「失業保険」でないことの理由を説明しましょう。
2．会社が倒産した場合と自己都合退職で仕事を辞めた場合で，雇用保険制度でどのような違いがあるのかをまとめましょう。
3．基本手当を受けることができない失業者が，どのような社会保障制度を利用することができるかを調べましょう。

参考文献

樋口美雄『雇用と失業の経済学』（日本経済新聞社，2001 年）
清家篤『雇用再生—持続可能な働き方を考える』（NHK ブックス，2013 年）

15 ライフステージと社会保障の課題

《目標＆ポイント》 ここまで社会保障をライフステージごとに見てきた。最後にまとめとして，ライフステージを横断して社会保障の基礎となる貧困問題の課題を見る。そして子育て・子育ち，仕事をしている間の社会保障，家族と社会保障，仕事をしていない間の社会保障について検討する。社会保障制度は家族や仕事と大きなかかわりがある。家族も仕事も大きく変化するうねりの中で，社会保障制度はいかにして持続可能となるのか。本章ではそれを学習する。

《キーワード》 セーフティネット，生活保護，子育て，子育ち，働き方と社会保障，家族と社会保障

---

1. 貧困と生活保護の課題

(1) 生活保護のセーフティネット機能

これまでライフステージに応じた社会保障を見てきたが，どのライフステージでも最終的な受け皿になるのが生活保護制度である。だれでも，どのような段階でも，生活保護があるということが日本の社会保障の最大の特徴である。

セーフティネットという言葉がある。生活保護は最後のセーフティネットといわれることがある。セーフティネットとは，もともとはサーカスで空中ブランコや綱渡りをするときの安全網を指している。そのセーフティネットに穴が空いている，といわれて久しいが，これは何を意味しているのだろうか。セーフティネットがあることで得られるものは何

だろうか。

これには３つの意味がある。１つは，サーカスの演技者が失敗したとしてもセーフティネットがその人の命を守ってくれる。生活保護のセーフティネット機能として思い浮かぶのは通常この機能であり，健康で文化的な最低限度の生活が保障されていることで，だれでも最低限の暮らしを維持することができる。

２つ目が，サーカスの演技者は最初から演技ができたわけではなく，たくさんの練習をして技術を習得することができたのだろう。練習の最初の一歩を踏み出すにはセーフティネットが不可欠だっただろうし，これがなければ練習を続けることもできない。生活保護のセーフティネット機能の第２は，扶養されていた子どものように，だれかに守られた状態から社会で自立した生活を始めるとき，たとえ実際に失敗しないとしてもセーフティネットがあることで安心して飛び込むことができる。つまり，人々に自立生活への挑戦の安心感を与えるのである。

そして第３が，腕に自信がある演技者であっても，より高度の技術を習得したい，より高い評価を得たい，と考えて危険な演技を練習することがある。そして観客もそれを期待している。高度な演技には大きなリスクが伴うが，それで失敗してもまた以前の演技ができる安心感を与えるのがセーフティネットである。つまり，セーフティネットと無縁だと考える人であっても，セーフティネットによって守られているという安心感は演技をより面白くする。生活保護のセーフティネットがしっかり機能すると，よりチャレンジングな社会を作り出すのに一役買うことになる。

このような観点から考えて，現在の生活保護が十分だといえるだろうか。生活保護基準の実質的な水準が引き下げられるというのは，最低限度が下がる，ということを意味するだけではない。新たに自立した社会生活に挑戦しようとする人，社会全体のチャレンジに関する包容力の両方にわたって，その安心感を引き下げることを意味している。

もっともこれは生活保護の引き下げだけに限った問題ではない。社会保障のセーフティネットは生活保護の1枚だけではない。各種の社会保険制度もあれば，社会保障制度以外でも利用できるものがたくさんあることはこれまで勉強してきた通りである。その一方でこれらにはだれかに負担を強いることが避けられない。われわれの社会が何を許容し，だれがどれだけの負担をすることができるのか，ということと密接に結びついている。この中でどのような仕組みを作っていくのか，どれだけ強靱なネットを作り、それを何枚張るかは，議論が欠かせない。

（2）高齢化と生活保護

現在生活保護を利用している人の半数が高齢者である。これから人口高齢化が進行すると，年金が十分でない高齢者が生活保護を利用するようになるかもしれない。今の若い人でも，職業に恵まれずに低賃金になって，年金保険料を十分に納付できずに低年金となる人がいる。それに高齢期に働き続けても生活が行き詰まって生活保護を利用せざるを得ない人が増えるかもしれない。老齢年金は若年期の貧困を高齢期にそのまま引きずる仕組みだからである。そうすると，生活保護利用者の高齢化率が高まるし，利用者数も高齢化に伴って増えていくことになる。しかし，「若い頃にしっかり働いて年金を納めていなかったから年を取ってから貧困になったのは自業自得だ」という自己責任の世論を醸成しやすい。果たしてこれでよいのであろうか。

これまで見てきたように，私たちの暮らしはたまたま努力することができた偶然の上に成り立っているのであり，その偶然はいつ壊れるかもしれない。つまり，だれもが将来の貧困リスクを抱えているのである。

現在の日本の生活保護制度は，稼働能力がある人もない人も，高齢者も若年者も，障害者も健常者も同じ仕組みの中で運営している。人的な属性が違うと生活上のニーズが異なるかもしれないし，同じ条件で生活保護を適用し続けていくことは無理なのかもしれない。実際，欧米諸国で生活保護制度に相当する制度は，人的属性ごとに制度を設けることが少なくない。もしかしたら日本でも人的属性に応じたカテゴリー別の生活保護制度を設けることについて，そろそろ検討を始める時期にあるのかもしれない。

（3）保護利用者の孤立化

生活保護利用者の大多数が一人暮らしである。友人知人関係が希薄になっている人も多く，生活保護を利用していない人に比べると自殺率も高い。

生活保護を利用している人に自己責任観を押しつけることに何の意味があるだろうか。生活保護の利用者は，多くの場合に傷病を理由に利用しはじめ，精神的に不安定な中で将来の希望を持とうとしている。そしてそれが一生続き，自由を制限された生活を余儀なくされる。このような中で社会的関係を喪失すると，いくら経済的な不安が解消されたとしても孤立化してしまう。これはだれにでも起こりえることである。だれがこれを非難することができるだろうか。

これからの生活保護制度は，単に医学的な生存を保障して経済的な支援をするだけでなく，社会的な関係を構築して維持していくことも大切になってくる。それが健康で文化的な最低限度の生活を保障しつつ，自立を助長するという目的に適うのである。

2．子育て・子育ちと社会保障の課題

（1）母子の健康

妊娠・出産はきわめてプライベートなことである。そこに国家が介入することは望ましくない。しかし，それは意に反する介入は避けるべきであるということであって，妊娠・出産を望む人を支援することはあまり反対されないであろう。その一方で，妊娠・出産は自らが望んだ結果なのだから社会保障制度に馴染みにくい。いろいろな制度を設けているものの，利用できる制度を利用しないのは個人の選択によるものだ，自己責任なのだ，ということにもなりかねない。

母子を保護する仕組みには多様なメニューがある。これからの母子の健康を守るための方法は，制度の周知だけでは足りず，妊産婦とその家族にとってどのようなサービスをどのように組み合わせて使うべきかをマネジメントする仕組みが必要になる。多様なメニューの中から今ある制度で十分かどうかは，その人の周囲の環境で決まる，個別性が高い事柄だからである。このようにして孤立させないよう継続的に見守っていく制度を作ることが必要である。

（2）妊娠・出産と仕事

このことは妊娠・出産と仕事をどのようにして両立可能な仕組みにするかということにも関わってくる。妊娠・出産をめぐる精神的・身体的な状況は多様である。これに加えて職場の環境も多様である。特に仕事をめぐる環境は，これまで長期雇用の正社員モデルを念頭に置いて両立支援制度を考えてきたが，その限界が見えてきている。そもそも雇用と自営の境界も曖昧になってきている。

そうすると，どのような働き方を選択しているとしても，仕事を続け

ること，あるいは妊娠・出産を契機に働き方を変えることについて，できるだけ個人の選択を尊重することができるような仕組みを考えなければならない。その選択を支援する仕組みも不可欠になる。

こうした仕組みづくりには，出産の費用も関係してくる。出産のあり方は多様化している。経済的にゆとりのある人は豪華で快適な出産環境を準備することができるだろうが，ゆとりがない人はぎりぎりまで出産費用を削減しようとする。確かに，出産の方法にはできるだけ妊産婦にとって選択肢があったほうがよいであろう。その意味で社会が助け合うべき出産の費用は最低限度にしておいて，それを超える部分は自己負担で賄うという方法は理解できる。

しかし，生まれてきた赤ちゃんは等しく人権を享有する。所得格差が出生や成長の格差に繋がってはならない。親の経済状況がどのような状態であったとしても，出産やその後の健診をためらわせてしまうような制度は望ましくない。現在の制度がこれに適っているのかは検討する必要があろう。

(3) 仕事と家庭生活の調和

少子化問題が深刻化する中，子育て支援政策の充実が進められている。国は子育てをしている労働者が仕事と家庭生活が両立できるよう，所得保障だけでなく子育てを支援するソフト面とハード面の施策を講じている。

子育てをしている側から子育て支援策を見ると違った見方ができる。少子化は確かに問題であるがそれは社会的な事象である。子を生み育てることは個人的な出来事であり，子育てをする人の選択の結果である。確かに子育てしながら仕事を続けることについて社会が支援することは望ましいが，それは仕事を続けることが困難になる事由を除去することが目的であって，子を持ちたいという選択肢を魅力的にすることは副次的な効果に過ぎないのである。

子育て支援を社会が担うとき，その費用はだれが負担すべきか。社会の合意によって子育て支援策を講じている一方で，子育ては私的な領域に属するから，税金と利用者負担によるべきかもしれない。

しかし，子育て支援は国だけが担うものではない。労働者と使用者が労働契約を締結したり変更したりするときには，仕事と家庭生活に配慮しなければならないことが法律で決められている。仕事は単に収入を得る手段に過ぎないのではなく，私たちの生活の根幹をなすのであるから，事業主は子育てしやすい環境を作り出す担い手として社会に位置づけられる。そして子育て中の労働者が安心して働くことによって，事業主も利益を享受する。この結果，事業主も一定の子育て費用を負担すべきだ，ということになる。それを実現したのが，子ども・子育て支援制度における事業主拠出金制度である。

これからの雇用社会は，雇用関係を基軸として特定の使用者が特定の労働者の労働力を活用するというよりはむしろ，産業全体が一時的に労働市場から必要な労働力を，その都度調達するという形態に変化しつつある。そこで働く者は，子育てについて保護を受けてきた労働者だけでなく，注文を受けて仕事をする独立自営業者のような働き方をする人と位置づけられることが増えてくる。そうなると，これまでのような労働者保護としての子育て支援という枠組みでよいのかについての検討は，待ったなしである。

3．仕事をしている間の社会保障の課題

（1）医療保険制度と働き方の変化

仕事をしている間の社会保障は，多くの場合その費用を支える担い手

となる。働いている間に社会保障制度によって安心感を実感できるのは医療保険制度であろう。医療保険制度は現在重大な岐路に差し掛かっている。

日本の医療保険制度は被用者保険と国民健康保険が補完し合って国民皆保険体制を作り上げてきた。これには歴史的な経緯もあるが，だれとだれが助け合うべきかという考え方から作られてきたものだ。

しかし，これからもまだ被用者保険と国民健康保険を並列して続けていくべきかどうかは議論の余地がある。それにはいくつかの理由がある。

１つは，被用者保険＝被用者とその家族，国民健康保険＝自営業者という区別があいまいになっていることである。国民健康保険の中で最も多い類型は被用者なのであるし，働き方が多様化する中でパートやアルバイトだけで生計を維持している人は少なくない。一般正社員のような働き方をしていないからという理由で，傷病手当金のような被用者保険に固有の給付を受けられないのは問題である。形式的には自営業者であっても，実際には会社員と変わらないような働き方をしている人にも同様の問題があてはまる。

２つめは，医療費の地域間格差に対応して，医療提供体制の整備と医療費の保障が都道府県単位になろうとしているのに，医療保険制度が職業形態で分立したままでよいのかという問題である。

そして３つめには，AI，遺伝子情報，データヘルスに見られるように，個人単位での医療リスクが明らかになってくると，だれに医療リスクがあってだれにないのか，一目瞭然となる。そうすると，医療保険は負担する側と利益を享受する側で分断されてしまう。リスクを分散させる仕組みとして構築された医療保険が，現在のようなあり方のままでよいのかどうか議論しなければならなくなるだろう。

（2）国民医療費

日本の社会保障財政は，少子高齢化の影響で毎年その規模が拡大してきている。年金はこれからそれほど大きくならないが，医療と介護は名目も実質も私たちの所得の中で占める割合が高まる。そうすると，できるだけ医療費の無駄を削減して必要な医療に絞り込むべきだ，という議論になる。

他方で，私たちは本当に必要な医療までも削減すべきではない，とも考える。しかし無駄な医療だとか本当に必要な医療だとかを区別することができるのだろうか。確かに高額な薬価で特定の疾病に効果的な新薬が開発されると，これを保険診療に使うべきかどうかという議論が生じる。しかしそれによって確かにだれかの生命が助かり，市場が拡大することで薬価を引き下げることができるのであれば，長期的に見ると私たちの健康にとって有益である。このように見てくると，医療費の増大はやむを得ないものともいえる。

その一方で負担の問題はやはり避けて通ることができない。本当に必要な医療とは何か，保険診療で何を保障すべきかということについて，私たちは常に議論をし続けて，常に市民の間で合意を得るよう努力し続けなければならない。そしてこの合意が反映できる制度であるかどうかを監視しなければならない。

（3）働き方の多様化と年金制度

働いている人の多くが関心を持っている社会保障制度は，年金制度である。年金制度はこれからも私たちの老後の暮らしを守ってくれるのだろうか，との不安があろう。

かつて，年金制度が成立発展してきた時期は，夫が終身雇用の正社員として働き，妻が専業主婦として暮らすのが一般的であった。その時代の労働者たちは現在老齢年金を受給している世代に属する。この頃にできた年金制度は，かつての日本的雇用慣行中心の働き方と暮らし方を前提にしていたものである。

しかし時代は大きく変わった。1つの会社に定年までずっと働き続けることが一般的ではなくなった。離職・転職を繰り返し，賃金もその時々で変わることが当たり前になってきた。ある人は高齢期も働き続けるし，またある人はいろいろな理由から定年よりも早期に退職する。これに年金制度が対応しているのか，対応し続けるのかという問題がある。

労働者の生活と仕事のバランスもさまざまである。育児や介護を担う人は従来型の正社員として働き続けることが難しい場合がある。非正規労働（短時間労働・有期契約労働・派遣や請負労働）は，生活と仕事の両立に資する働き方の選択肢の1つである。しかし非正規労働は千差万別であり，正社員になることを願っているのにさまざまな理由でそれができず，少ない賃金で生計を維持せざるを得ない場合もある。そしてこのような働き方では厚生年金に加入することができず，高齢期の生活にも不安を残す。

IT 化も働き方に大きな変化を与えた。携帯電話で仕事を受け，配送業務をするような働き方は，これまでの使用者と被用者という枠組みを大きく変えた。年金制度は使用される関係を軸に構築されているので，このような場合に厚生年金に加入することが難しく，老後の所得保障に問題を残す。

これに加え，AI 社会の到来はこれまでの働き方を覆すかもしれない。AI は労働の質を変えるばかりでなく，労働の量に変革をもたらす。AI はもしかしたら一部の高度な労働と大部分の単純労働だけを残し，その中間部分をなくしてしまうかもしれない。そうすると，中間部分を中心に構築してきた年金制度も，変革を余儀なくされる。

ただ，このような働き方の変化があっても，ここまで学習してきたように 2004 年の年金制度改革が継続していくのであれば，年金制度が崩壊することはない。考えなければならないのは，公的年金の役割が縮小していくことは確実なのであるから，老後にどのような暮らしをするかを想定し，それにどのように備えていくべきか，ということである。確かに公的年金は老後の所得保障として重要な機能を持ち続ける。しかしそれには限度があるので，公的に保障される部分をきちんと把握した上で，どのように準備すべきかを考えることは大事である。

4．家族の変化と社会保障

（1）結婚と社会保障

社会保障制度が整備された時期に比べると，現在の家族のあり方，とくに結婚については大きくその状況が変わってきている。かつては結婚を望む多くの人が異性と法律婚をして，家族を形成し，夫が働いて妻が専業主婦として家庭を守ることが一般的であった。それを基にして社会保障制度が構築されてきた。

しかし未婚化・晩婚化が進むと同時に，結婚のあり方も多様化してきている。そして法律婚に限らず，婚姻関係と同様の暮らしをしている人も少なくない。そうすると，これからの社会保障制度は，人々が多様化した婚姻関係からどのような婚姻関係を選択するのか，それとも婚姻するかしないかということについて，その選択を制限する仕組みになってはならない。つまり，婚姻というもっともプライベートな出来事に対して，選択に中立的なものにならなければならないのである。

しかし考えてみるとこれはかなり難しい。社会保障制度が特定の生き方を強いるものでないとしても，どうしても一定のモデルを想定して制度を作らなければならない側面は否定できない。そして社会保障制度の変革においては，過去の制度がどう作られ，現在どのような暮らしをしている人が対象となり，将来どのような人が関係してくるのか，という時間軸も忘れることができない。このように考えてみると，完全に制度が選択中立的になることはかなり難しい。だからその影響をできるだけ小さくするよう，これからは１つ１つの制度について検証していく作業が不可欠となる。

（2）家族関係の変化と年金制度

これまでの年金制度は，私的扶養を公的な扶養に変更したものであった。かつての私的扶養は，夫と妻を中心にその親と子を扶養するものであった。賦課方式を中心とする公的年金制度もこれを模したものといえる。そうすると，生産年齢人口にある夫と妻が年金財源を支える構造を，これからも維持できるかという問題がある。

１つの典型例は，LGBT カップルである。現在の年金制度における婚姻関係は男性と女性の法律婚と事実婚を前提にしている。それゆえに現在の制度は同性婚に対しては冷たい態度をとる。もっとも，これは婚姻法の問題として処理すれば足りるとも言え，現に欧州においてはそれが法制化されている。ただ，日本の年金制度が明確に同性婚を否定しているわけではない。ただ態度を決めかねているだけであって，法律婚の議論とは別に考えてもよい。

もう１つの家族形態の変化は，長寿化と世代間格差に由来する。高齢者が受ける年金が生活を維持するのに十分な額であるとしても，その高齢者と同居する子の生活が困難であればどうなるであろうか。例えば，高校や大学を卒業してもなかなか正社員となれずに非正規労働を繰り返さざるを得ない若者たちが問題になった。このような人が婚姻せず，年老いた親と同居して年金に頼って生活することがある。もしも親が死亡したら，残された子の生活が行き詰まってしまう。この問題は，高齢者の生活を維持するために設計されていた公的年金が，賃金の代わりに家族を養う性質に変化したものだといえる。そうすると，年金制度に期待されている機能が何か，ということを改めて考え直さなければならないであろう。

（3）扶養と社会保障

社会保障は家族機能と補完的な関係にある。社会保障で家族を考える際，重要なのは扶養である。

そもそも社会保障制度が扶養を1つの鍵概念として構築されたのは，伝統的な家族観に根差した制度設計を行ったからである。扶養の関係が多様化した現在で，このまま同じ扶養関係を軸にして制度設計をしてもよいのか，という問題がある。

もっとも，社会保障における扶養の問題は私的な事柄だけでは済まされない。扶養する／されるというのは，被扶養者の働き方の問題でもある。今日のように働き方が多様化すると，被扶養者の働き方を抑制するような制度設計で本当によいのか，ということにもなる。そして人口減少社会では社会保険制度の担い手をできるだけ増やすべきなので，被扶養者は保護の対象となるべき経済的弱者ではなく，社会参加する当事者として見ることが重要になる。このような観点からすれば，被扶養者と非正規労働者に関する社会保険の適用拡大をできるだけ進めることが望ましい。

しかしそれには日本の制度上限界がある。年金制度では基礎年金制度の存在，医療保険制度では国民皆保険体制がそれにあたる。扶養関係に着目せずに負担能力だけで制度を構築することは，現実には不可能である。現在の制度を大きく変更するとだれかに負担を強いる結果になると同時に，だれかの負担を免ずる結果にもなる。そのだれかには，働き方に応じた被保険者の類型だけでなく，事業主，国庫負担を行う市民全体も含まれる。負担のあり方を変えるということは，これらの公平をどう考えるかということを問い直す作業でもある。そして１つ１つの制度でそれらの負担方法と負担の意味は異なる。したがって，負担方法を変更することで，それがどのような意味を持つかもあわせて１つ１つ検証していく作業が不可欠である。

（４）離婚，ひとり親と社会保障

これまで離婚することやひとり親になることは関係者の選択の結果であるから，それによって受ける社会保障制度上の不利益は甘受すべきである，という見解が支配的であった。しかし現実には，そのような選択をせざるを得ない状況に追い込まれるのであって，もはや選択の結果であるとして一蹴することができない。そして選択を余儀なくされて離婚した人やひとり親は，日本においては世界でも類を見ないほどに努力をして生活を維持しようとしている。その現状も忘れてはならない。

しかしだからといって，そのような選択を強いられた人々の生活を一定程度以上保障しなければならない，とするのも拙速であり，よく考えなければならない。社会保障制度の存在によって選択を助長してしまうことは避けなければならない。そもそも一定程度以上の生活を保障することについて，その費用を負担する社会構成員が合意するだろうか。このようなジレンマが常につきまとう。

5．仕事をしていない間の社会保障の課題

（1）高齢者の医療と介護

高齢者の医療と介護に重要なのは，これまで社会を担ってきた高齢者の医療と介護の費用を単なる負担として見るのではなくて，だれがどのように支えるべきかという視点である。他方で，人口減少社会における社会保障制度の問題が財政問題であるならば，高齢者にかかわる医療と介護の財政問題が看過できないくらいに大きくなることもまた，考えなければならない。

高齢者は個別性が高いという特徴がある。所得の状況もかなりの格差があるし，家庭環境もかなり異なる。健康状態も違えば，入院の有無など医療機関にかかる頻度や程度も異なる。介護が必要な度合いも異なれば，どのような介護サービスを利用したいのかもかなり異なる。

そのように考えると，これからの高齢者の医療と介護は，単に経済的な弱者であって，健康状態が芳しくなく，その結果介護が必要となる，といったようなステレオタイプの見方で制度設計をすべきではない。どのような希望があろうとも叶えられるような制度であって，持続可能な制度をどう作るかという視点が不可欠である。

（2）障害者の医療と介護

障害者にかかわる医療は，障害がない人の医療と何も異なることがない。必要なのは，良質な医療をいつでもどこでも，経済的な不安がなく受けることができるということであって，その点で障害者に特化した医療の問題というのは少ない。むしろ，医療をめぐる周囲の環境や医療を受けることに付随する状況をどのように整備するか，ということが課題になる。それには医療と介護・福祉とをどのように連携させていくかが

大きな課題になる。

障害者にかかる自立支援給付は財源が公費である。しかし給付の内容を見てみると，公費であるから自立支援給付の仕組みを採用しなければならない必然性はない。そして自己負担が応益負担原則で実質的に応能負担になっていることもまた，一般的な医療保険制度と程度の差はあれ，必ずしも理論的にそうならなければならない，という性質のものではない。

障害者にかかる医療と介護のシステムは，障害者の状況に応じたものにしなければならないので，オーダーメイドになることがこの制度の特徴である。しかし，障害者本人だけでなく障害者の周囲の人も，障害者本人の幸せがどのようなものかを知っているとは限らない。それにどのような制度を利用できるのかもわからないのに，自己実現のためには選択する機会が与えられることが重要だ，というのは突き放しているに過ぎない。

障害があろうとなかろうと，人の幸せは静的なものではなくていつも変わっていくものだし，選んだ結果が本当に幸せに繋がるのかどうかは判断できない。自分で選んだ結果なのだからそれで満足すべきだ，とも言えない。このように見てくると，障害者にかかる医療と介護を「こうすべきだ」と断ずることにはためらいが生じる。ただ，障害者にかかる医療や介護，住まいや所得，働き方，家族や社会とのかかわり方は，それだけが独自に断片的に存在しているのではなく，トータルの視点で見ることが大切である。これからの施策はこのような視点を欠かすべきではない。

（3）介護保険と障害者福祉の統合

少子高齢社会における介護の問題は，財政問題でもある。財政問題を解消するためには，広く薄く費用負担を求めることが1つの解決策である。もともと介護保険は高齢者介護を対象としてきたが，社会保障の財政問題は医療と介護が深刻な問題になる。そうなると，介護保険の被保険者年齢を引き下げて，より幅広い年齢層からの負担を求めると同時に，介護保険から障害者介護の費用も出すべきだ，という議論になるのも当然である。

しかしそこに要介護高齢者なり，障害者なりの視点があるだろうか。介護保険も障害者にかかる自立支援給付も，字面は似ていても，その目的やサービス内容は驚くほど違う。そして実際に利用している人の希望も，両者ではかなり異なる上に，1つの給付の中でも個別性が高い。これらを看過して財政問題だけで制度を統一すべきだ，と論ずるのはやはり暴論であろう。

そうなると道は2つしかない。1つは，両者の目的やサービスのあり方の基本的な視点をより明らかにして，財政的な持続可能性を高めた上で各制度の再構築を図ることである。もう1つはこれと逆に，両者の共通性を描きつつ，共有できるところは統合化を図り，それ以外のところに関しては独自に給付内容の個別化を図りつつ，財政的持続可能性を高める仕組みを考えることである。

高齢者と障害者の医療と介護サービスの費用をだれがどのように負担すべきかは理論的に決めることはできない。皆が納得するような費用負担関係についての議論が不可欠である。

学習課題

1．日本の社会保障制度は何層のセーフティネットから作られているか，図に書いて説明しましょう。
2．ライフステージごとに生じている所得格差について，その原因と対応を論じましょう。
3．あなたが考える理想の社会保障像を説明し，それと比べて現在は何が違うのかを説明しましょう。

参考文献

宮本太郎編『自由への問い２　社会保障－セキュリティの構造転換へ』（岩波書店，2010年）
権丈善一『ちょっと気になる社会保障　増補版』（勁草書房，2017年）
小塩隆士『18歳からの社会保障読本－不安のなか幸せをさがして』（ミネルヴァ書房，2015年）
猪熊律子『#社会保障はじめました』（サイカス，2018年）

索引

●配列は五十音順，＊は人名を示す。

●さ　行

●た 行

●な　行

●は　行

●ま　行

●や　行

●ら　行

著者紹介

丸谷　浩介（まるたに・こうすけ）

1971年　長崎県に生まれる
1994年　千葉大学法経学部法学科卒業
1998年　九州大学大学院法学研究科博士課程退学
2016年　博士（法学・九州大学）
現在　九州大学大学院法学研究院教授
専攻　社会保障法
主な著書　『求職者支援と社会保障－イギリスにおける労働権保障の法政策分析』（法律文化社，2015）

放送大学教材　1519263-1-2011（ラジオ）

ライフステージと社会保障

発　行　　2020年3月20日　第1刷
著　者　　丸谷浩介
発行所　　一般財団法人　放送大学教育振興会
〒105-0001　東京都港区虎ノ門1-14-1　郵政福祉琴平ビル
電話　03（3502）2750

市販用は放送大学教材と同じ内容です。定価はカバーに表示してあります。
落丁本・乱丁本はお取り替えいたします。

Printed in Japan　ISBN978-4-595-32200-6　C1336